외국인을 위한
대학한국어 1

저자 소개

Korean Factory는 한국어 교육 방법 및 한국어 교육 콘텐츠를 연구 개발하는 모임이다.

연구자

유승금
한림대학교 글로벌협력대학원 글로벌한국학과 학과장
한림대학교 교양기초교육대학 교수(현)/ 한국어교육센터 소장(전)

안정화
한림대학교 교양기초교육대학 한국어 교양필수과목 담당
〈한림한국어1〉 공저

문경태
한림대학교 교양기초교육대학 한국어 교양필수과목 담당
한림대학교 대학원 국어국문학과 박사 수료

이한범
한림대학교 교양기초교육대학 한국어 교양필수과목 담당
한림대학교 대학원 국어국문학과 박사 수료

박지연
한림대학교 교양기초교육대학 한국어교육센터 객원교수(현)
가톨릭대학교 대학원 국어국문학과 박사

박진현
한림대학교 교양기초교육대학 한국어교육센터 객원교수(현)
한림대학교 대학원 국어국문학과 박사 수료

감수

신서인 (한림대학교 국어국문학과 교수)

외국인을 위한
대학한국어 1

초판 1쇄 발행 2018년 3월 7일

지은이 Korean Factory 편
펴낸이 박민우
기획팀 송인성, 김선명, 박종인
편집팀 박우진, 김영주, 김정아, 최미라, 전혜련
관리팀 임선희, 정철호, 김성언, 권주련, 이지율

펴낸곳 (주)도서출판 하우
주소 서울시 중랑구 망우로68길 48
전화 (02)922-7090
팩스 (02)922-7092
홈페이지 http://www.hawoo.co.kr
e-mail hawoo@hawoo.co.kr
등록번호 제475호

값 14,000원
ISBN 979-11-88568-09-3 14710
ISBN 979-11-88568-13-0 (세트)

* 이 책의 저자와 (주)도서출판 하우는 모든 자료의 출처 및 저작권을 확인하고 정상적인 절차를 밟아 사용하였습니다.
  일부 누락된 부분이 있을 경우에는 이후 확인 과정을 거쳐 반영하겠습니다.

* 이 책은 저작권법에 따라 보호받는 저작물이므로 무단전재와 무단복제를 금지하며,
  이 책 내용의 전부 또는 일부를 이용하려면 반드시 저작권자와 (주)도서출판 하우의 서면 동의를 받아야 합니다.

1

외국인을 위한

대학한국어

Korean Factory 편

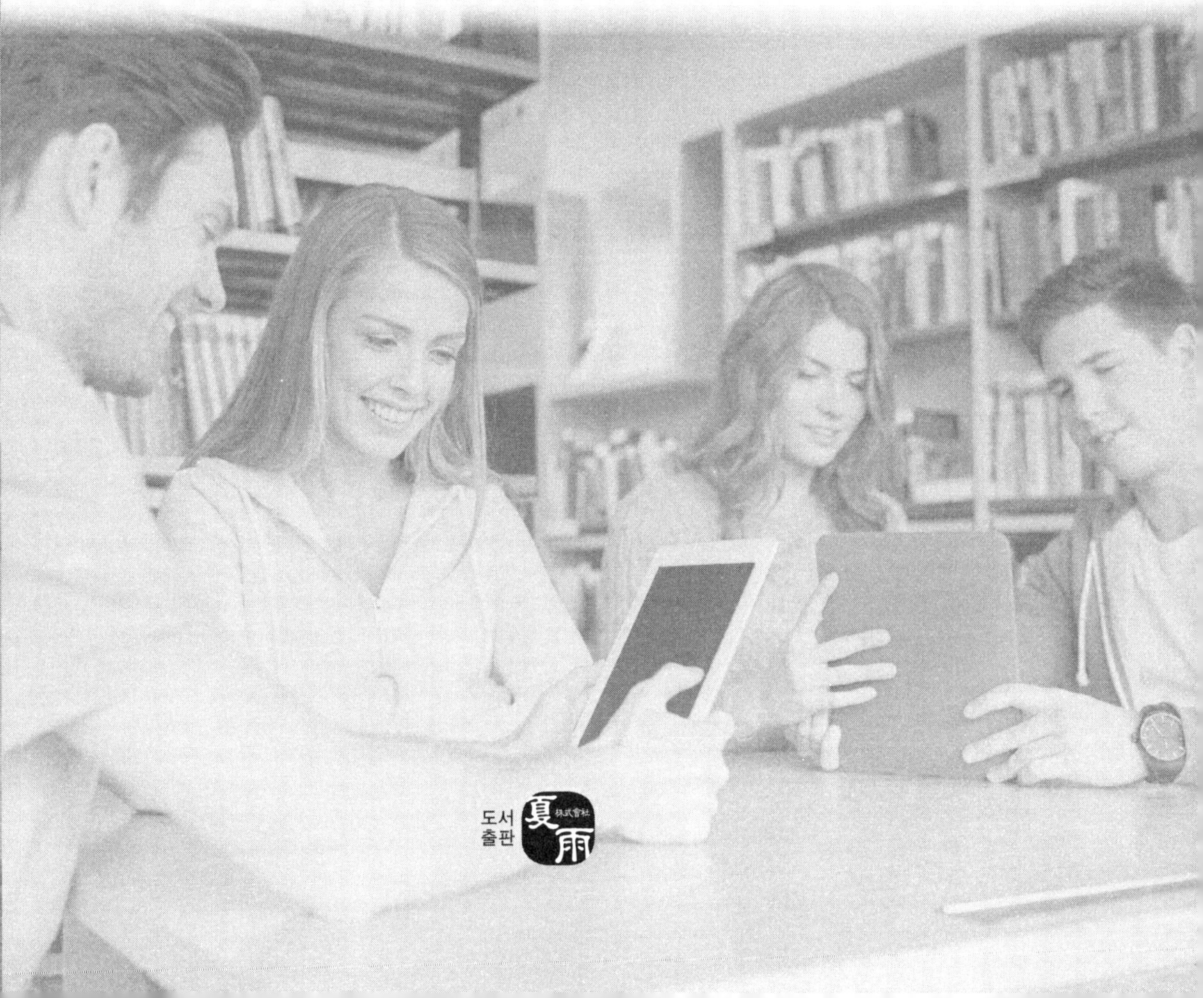

도서출판 夏雨 株式會社

들어가며

한국과 한국어에 대한 세계의 관심이 계속되면서 한국어를 배우는 학습자들의 유형도 다양해지고 있다. 한국어를 전혀 모른 채 한국에 와서 1급부터 6급까지의 한국어 교육 과정을 통해 언어를 습득하는 것이 외국인 학습자들의 전형이었다. 그러나 해외 한국어 교육 기관의 확산과 한국어능력시험(TOPIK) 응시 기회의 증가로 인해 이제는 자국에서 한국어의 기초를 배우고 곧바로 한국의 대학교에 입학하는 학생들이 많아지고 있다.

국내의 여러 한국어교육 기관들도 이러한 변화에 대응하기 위해 다양한 한국어 교육 과정과 그에 맞는 교재를 선보였다. 대학 입학 관문을 넘기 위한 한국어능력시험 대비 문법서들이 다수 출간되었으며 대학 진학 후의 학문 수학을 위한 읽기, 쓰기 관련 교재들도 여럿 소개되었다. 이러한 교재들은 단계적으로 한국어를 학습하는 대학 입학 전 과정과 고급 수준의 읽기와 쓰기 학습을 추가적으로 실시하는 대학 입학 후 과정을 명확히 구분하고 있다. 그러나 현실에서 마주하게 되는 외국인 학습자들의 대부분은 단계적인 교육 과정을 거치고도 충분한 한국어 구사 능력을 갖추고 있지 못하며 그럼에도 불구하고 발표, 과제 등 대학에서의 수학 능력을 요구받고 있다. 고급 수준의 학습자뿐만 아니라 초급, 중급 수준의 학습자들의 대학 수학에도 도움을 줄 수 있는 대학 수업 교재가 필요한 시점이다.

본 교재는 학문목적 한국어 교육과정을 바탕으로 한 한국 대학 유학생을 위한 한국어 교재이다. 대학생활을 기반으로 한 생활한국어 교재인 대학한국어1과 대학에서 학문 학습에 필요한 읽기와 쓰기1, 발표와 토론1로 나누어 구성하였다.

대학한국어1은 대학 생활에서 필요한 다양한 상황의 예문과 어휘와 표현을 학습할 수 있도록 기획하였다. 15~16주로 이루어지는 학부 과정의 수업 자료로 쓰일 수 있도록 총 13과로 구성되어 있다. 각 과마다 목표 문법이 제시되어 있으며 기본 대화문을 통해 해당 문법의 쓰임을 보이고 이후 이어지는 연습문제를 통해 각 문법의 활용 연습을 돕고 있다. 각 단원 말미의 읽기, 쓰기 연습은 학습자들의 이해도 점검과 추가적인 생성 연습에 도움을 줄 수 있다.

읽기와 쓰기1은 대학에서 다양한 교양도서 및 전공도서를 읽기 위해 필요한 기본적인 지식 및 다양한 독해 연습을 넣었다. 초급 수준의 학습자들도 학습에 부담을 느끼지 않도록 본격적인 글쓰기가 이루어지기 전 단계인 개요 쓰기를 목표로 교재가 구성되어 있다. 학습자들은 한국어 단어의 특징부터 개요 작성까지의 과정을 단계별로 학습하면서 한국어 문장 쓰기의 기초를 다지고 창의적인 글쓰기로 나아갈 수 있는 한국어 쓰기 실력을 배양할 수 있다.

발표와 토론1은 발표에 필요한 기본적인 내용 및 발표 형식을 연습하도록 기획하였다. 1과 표준 발음 연습을 시작으로 학습자들에게 친숙한 주제인 자기소개, 고향 소개로부터 점차 학술적인 주제로 나아갈 수 있도록 단원을 구성하였다. 또한 15~16주 학부 과정에서 수업을 진행하기에 무리가 없도록 전체 8과로 구성되어 있어 각 단원의 이론 학습에 이어 실습을 병행할 수 있다.

한국 대학 유학생을 위한 『대학한국어1』, 『읽기와 쓰기1』, 『발표와 토론1』이 학문 목적 한국어 교육과정에 있는 외국인 학습자들의 대학 생활에 많은 도움이 되기를 바란다.

교수요목

단원	주제	단원명	목표문형	어휘	활동
1	소개	안녕하세요? 처음 뵙겠습니다	N은/는 N이다 N이/가 아니다 N도	• 학년 • 학과 • 전공	• 소개하기
2	장소	스포츠센터에서 수영을 배워요	V-아요/어요 N에서 N을/를 V V-(으)ㄹ까요? V-(으)ㅂ시다 N에(시간 명사)	• 시간 명사	• 하루일과 말하기
3	쇼핑 교환, 환불	기숙사에서 신을 신발을 사러 왔어요	V-(으)러 가다/오다 V/A-아서/어서(이유) N이/가 A-아요/어요 N에(단위 명사) V/A-지 않다, 안 V/A	• 단위 명사 • 물건 이름 • 가게 이름 • 형용사	• 가격 묻고 대답하기 • 묘사하기
4	교통	길이 복잡하니까 버스를 타지 마세요	N에서 N까지 N(으)로(수단) S-고 S V/A-(으)니까 V-지 말다 V-겠다(의지)	• 교통수단 어휘 • 교통 관련 어휘	• 교통수단 이용하기
5	기숙사	더러운 옷이 많아서 빨래를 해야 해요	V-(으)ㄹ 것이다 V-은/는/(으)ㄹ N A-(으)ㄴ N V-아도/어도 되다 V-아야/어야 하다	• 기숙사 관련 어휘	• 공공장소 규칙 알기
6	동아리	동아리에 가입하고 싶은데 무슨 동아리가 좋을까요?	V-는/A-(으)ㄴ 것 V-는데, A-(으)ㄴ데, N인데 V/A-(으)ㄹ까요? N일까요?(추측) V/A-(으)면 되다 N이면 되다(조건)	• 동아리 관련 어휘 • 공공장소 관련 어휘	• 동아리 가입하기 • 권유, 조언하기

단원	주제	단원명	목표문형	어휘	활동
7	병원	불편해 보이는데 병원에 가지 그래요?	A-아/어 보이다 V-지 그래요? N보다 V-아/어 있다 V-(으)려고 하다	• 변화, 상태 관련 형용사	• 추측하기 • 권유하기
8	한국 생활	이제 한국 생활이 익숙해졌어요	A-아지다/어지다 V-게 되다 V-는 대신, N 대신(에) V-(으)ㄴ 지 N이/가 되다	• 일상생활 관련 어휘 • 한국 문화 관련 어휘 • 비교 관련 어휘	• 한국 생활의 장/단점을 들어 이야기하기 • 고향 문화와 비교하기
9	축제	축제 때 고향 음식을 만들기로 했어요	V-기로 하다 A-게 V-(으)ㄹ 테니까 V-(으)면	• 음식 관련 어휘 • 주문 관련 어휘	• 묘사하여 설명하기 • 초대하기
10	드라마	드라마를 보다가 울어 버렸어요	V-다가 V-아/어 버리다 N밖에 V-(으)ㄹ 줄 알다/모르다 V-(으)ㄹ 수 있다/없다	• 대중문화 관련 어휘 • 감상 관련 어휘	• 감상하는 말하기
11	도서관	그 책이 꼭 필요해서 그러는데요	V-(으)ㄹ게요 V-아서/어서 그러는데 V-고 나서 아무리 V/A-아도/어도 V/A V/A-네요	• 도서관 관련 어휘	• 이유 설명하기 • 순서 말하기
12	방학	혼자 여행을 해 본 적이 있어요?	V-(으)ㄴ 적이 있다/없다 V-(으)ㄹ까 하다 V/A-거나, N(이)나	• 여행 명소 관련 어휘 • 여행 활동 관련 어휘 • 여행 계획 관련 어휘	• 과거의 여행 경험 말하기 • 가 보고 싶은 여행지 말하기
13	시험	보고서를 다음 주까지 제출하라고 하세요	V-ㄴ/는다고 하다, A-다고 하다 N(이)라고 하다 V-느냐고/A-(으)냐고 하다 V-자고 하다 V-(으)라고 하다	• 시험 관련 어휘	• 공고문 보고 내용 전달하기

목차

들어가며 4

교수요목 6

1과 안녕하세요? 처음 뵙겠습니다 10

2과 스포츠센터에서 수영을 배워요 22

3과 기숙사에서 신을 신발을 사러 왔어요 32

4과 길이 복잡하니까 버스를 타지 마세요 46

5과 더러운 옷이 많아서 빨래를 해야 해요 58

6과 동아리에 가입하고 싶은데 무슨 동아리가 좋을까요? 70

7과 불편해 보이는데 병원에 가지 그래요? 82

8과	이제 한국 생활이 익숙해졌어요	96
9과	축제 때 고향 음식을 만들기로 했어요	106
10과	드라마를 보다가 울어 버렸어요	118
11과	그 책이 꼭 필요해서 그러는데요	128
12과	혼자 여행을 해 본 적이 있어요?	138
13과	보고서를 다음 주까지 제출하라고 하세요	148

부록

어휘목록 ··· 162

1과 안녕하세요? 처음 뵙겠습니다

기본 대화문

1)

선생님   안녕하세요? 저는 김은영입니다. 저는 한국어 선생님이에요.
만나서 반갑습니다.

마이클   안녕하세요? 저는 마이클 윌슨입니다. 이학년이에요.
국문과 교환학생이에요.

웨 이   안녕하세요? 저는 장웨이예요. 저는 일학년이에요. 경영학과 학생이에요.

마흐멧   저는 마흐멧이에요. 저도 일학년이에요.

2)

마이클   처음 뵙겠습니다. 저는 마이클 윌슨입니다. 이름이 무엇입니까?

웨 이   저는 장웨이입니다. 처음 뵙겠습니다.

마이클   웨이 씨는 한국 사람이에요?

웨 이   아니요, 저는 한국 사람이 아니에요. 중국 사람이에요.

마이클   저는 미국 사람이에요. 만나서 반갑습니다.

어휘와 표현

- ✓ 숫자
- ✓ 학년
- ✓ 전공
- ✓ 국문과; 국어국문학과
- ✓ 경영학과
- ✓ 교환학생

이해하기

1. 마이클 씨는 몇 학년입니까?
2. 웨이 씨는 무슨 학과 학생입니까?
3. 웨이 씨는 어느 나라 사람입니까?

문법

1. N은/는 N입니다

- 나는 학생입니다.
- 이것은 열쇠입니다.
- 여기는 한림대학교입니다.

2. (N은/는) N이에요/예요

- 나는 학생이에요.
- 이것은 열쇠예요.
- 여기는 한림대학교예요.

3. N도

- 나는 학생이에요. 마이클도 학생이에요.
- 나는 사과를 좋아해요.
  바나나도 좋아해요.
- 마이클 씨는 미국 사람이에요.
  제시카 씨도 미국 사람이에요.

4. 무엇

- 이것은 무엇입니까?
- 무엇이 어렵습니까?
- 무엇을 좋아합니까?

5. N1은/는 N2이/가 아닙니다/아니에요

- 나는 학생이 아닙니다.(아니에요.)
- 이것은 열쇠가 아닙니다.(아니에요.)
- 여기는 도서관이 아닙니다.(아니에요.)

연습문제

1. 다음 중 알맞은 것을 찾아 ○ 하십시오.

1) 지훈 씨(은, 는) 학생입니다.

2) 마이클(은, 는) 미국 사람입니다.

3) 선생님(은, 는) 한국 사람입니다.

4) 친구(은, 는) 선생님입니다.

5) 우리(은, 는) 친구입니다.

6) 이것(은, 는) 한국어 책입니다.

2. 다음 문장을 완성하십시오.

1) 나 – 학생 :   나는 학생입니다.

2) 이것 – 사과 : _____.

3) 마이클 씨 – 의사 : _____.

4) 저 사람 – 가수 : _____.

5) 우리 – 외국인 학생: _____.

3. 다음 질문에 알맞은 대답을 쓰십시오.

1) 가: 지훈 씨는 한국 사람입니까?

    나: 네, _____.

2) 가: 메이 씨는 태국 사람입니까?

    나: 네, _____.

3) 가: 이것은 연필입니까?

    나: 네, _____.

4) 가: 저 사람은 영화배우입니까?

    나: 네, _____.

4. 다음 중 알맞은 것을 찾아 ○ 하십시오.

1) 마이클 씨는 학생(이, 가) 아닙니다.

2) 이것은 의자(이, 가) 아닙니다.

3) 우리는 한국 사람(이, 가) 아닙니다.

4) 제시카 씨는 영국 사람(이, 가) 아닙니다.

5) 여기는 학교(이, 가) 아닙니다.

6) 저 사람은 경찰관(이, 가) 아닙니다.

5. 다음 문장을 완성하십시오.

1) 지훈 씨-일본 사람-아니다 : 지훈 씨는 일본 사람이 아닙니다.

2) 이것-사과-아니다 : _____.

3) 마이클 씨-의사-아니다 : _____.

4) 여기-춘천-아니다 : _____.

5) 우리-2학년-아니다: _____.

6. 다음 질문에 알맞은 대답을 쓰십시오.

1) 가: 마이클 씨는 한국 사람입니까?

   나: 아니요, 마이클 씨는 _____.

   (마이클 씨는) 미국 사람입니다.

2) 가: 제시카 씨는 선생님입니까?

   나: 아니요, 제시카 씨는 _____.

   (제시카 씨는) 학생입니다.

3) 가: 이것은 사전입니까?

   나: 아니요, 그것은 _____.

   (그것은) 한국어 책입니다.

4) 가: 요코 씨는 요리사입니까?

   나: 아니요, 요코 씨는 _____.

   (요코 씨는) 미용사입니다.

7. 다음 질문에 알맞은 대답을 쓰십시오.

1) 가: 제시카 씨는 프랑스 사람입니까? (영국)

    나: 아니요, 제시카 씨는 <u>　영국 사람입니다.　</u>

2) 가: 마흐멧 씨는 축구 선수입니까? (농구 선수)

    나: 아니요, 마흐멧 씨는 _____.

3) 가: 저것은 사과입니까? (수박)

    나: 아니요, 저것은 _____.

4) 가: 준 씨는 4학년입니까? (3학년)

    나: 아니요, 준 씨는 _____.

5) 가: 이것은 전자사전입니까? (휴대전화)

    나: 아니요, 이것은 _____.

읽기 1

1. 다음 대화문을 읽고 아래 빈 칸에 알맞은 말을 다시 쓰십시오.

1)
선생님 안녕하세요? 저는 김은영입니다. 저는 한국어 선생님이에요.
       만나서 반갑습니다.
마이클 안녕하세요? 저는 마이클 윌슨입니다. 이학년이에요.
       국문과 교환학생이에요.
웨 이 안녕하세요? 저는 장웨이예요. 저는 일학년이에요.
       경영학과 학생이에요.
마흐멧 저는 마흐멧이에요. 저도 일학년이에요.

2)
마이클 처음 뵙겠습니다. 저는 마이클 윌슨입니다. 이름이 무엇입니까?
웨 이 저는 장웨이입니다. 처음 뵙겠습니다.
마이클 웨이 씨는 한국 사람이에요?
웨 이 아니요, 저는 한국 사람이 아니에요. 중국 사람이에요.
마이클 저는 미국 사람이에요. 만나서 반갑습니다.

우리 반

김은영 선생님은 (   )이에요. (   ) 사람이에요.

마이클, 웨이, 마흐멧은 (   )이에요.

(   )은 미국 사람이에요.

웨이는 한국 사람(   ). 중국 사람이에요.

웨이는 일학년이에요. 마흐멧(   ) 일학년이에요.

읽기 2

1. 다음을 읽고 아래에 여러분이 수강 신청한 수업에 대해 쓰십시오.

> 오늘 대학교에 들어온 후 첫 수업을 했습니다. 오늘 수업은 '한국 문화의 이해'였습니다. 선생님께서 이번 학기 수업을 어떻게 할지에 대해 말씀하신 후에 학생들은 한 명씩 일어나 자기소개를 했습니다. 이 수업에는 다른 나라에서 온 친구들이 많았습니다. 저처럼 한국 대학에 유학을 온 유학생도 있고, 한 학기나 일 년 동안 우리 학교에 공부하러 온 교환학생도 있습니다. 선생님만 한국 사람입니다. 우리는 이번 학기에 다양한 한국 문화에 대해 공부하고 관심 있는 주제에 대해 발표도 합니다. 저는 음식에 관심이 많아 '한국의 음식'을 발표 주제로 정했습니다. 한국에는 다른 나라보다 '닭'을 다양하게 요리한 음식이 많다고 생각합니다. 다양한 외국 친구들과 한국 문화에 대해 공부하게 되어 정말 즐겁습니다.

이번 학기 수강 신청한 수업: _____

_____

_____

_____

_____

_____

쓰기

1. 다음 질문에 답하고 아래에 자기소개를 쓰십시오.

1) OOO 씨는 어느 나라 사람입니까?
   ➡ _____.

2) OOO 씨는 전공이 무엇입니까? / 무슨 과입니까?
   ➡ _____.

3) OOO 씨는 몇 학년입니까?
   ➡ _____.

2. 다음을 친구들에게 묻고 대답을 아래 빈 칸에 쓰십시오.

1) 이름이 뭐예요?

2) 전공이 뭐예요? / 무슨 과예요?

3) 몇 학년이에요?

4) 전화번호가 뭐예요?

이름	전공	학년	전화번호

 위의 내용을 아래에 다시 쓰십시오.

_____ 은/는 _____

_____

_____

_____

_____ 은/는 _____

_____

_____

_____

3. 여러분의 가족을 소개하십시오.

이름(성함)	관계	나이	직업

 위의 내용을 다시 쓰고 읽어 보십시오.

관계
할아버지, 할머니, 아버지, 어머니, 누나, 언니, 형, 오빠, 동생 등

나이

1	2	3	4	5	6	7	8	9	10
한 살	두 살	세 살	네 살	다섯 살	여섯 살	일곱 살	여덟 살	아홉 살	열 살
일 세	이 세	삼 세	사 세	오 세	육 세	칠 세	팔 세	구 세	십 세
11	20	30	40	50	60	70	80	90	100
열한 살	스무 살	서른 살	마흔 살	쉰 살	예순 살	일흔 살	여든 살	아흔 살	백 살
십일 세	이십 세	삼십 세	사십 세	오십 세	육십 세	칠십 세	팔십 세	구십 세	백 세

2과 스포츠센터에서 수영을 배워요

기본 대화문

마이클 제시카 씨, 오래간만이에요. 요즘 어떻게 지내요?

제시카 전 잘 지내요. 마이클 씨는요?

마이클 저도 잘 지내요. 제시카 씨는 지금 어디에 가요?

제시카 기숙사에 가요.

마이클 웨이 씨도 기숙사에 있어요?

제시카 아니요, 웨이 씨는 기숙사에 없어요.
       웨이 씨는 지금 스포츠센터에서 수영을 배워요.

마이클 학교에 수영장이 있어요?

제시카 네, 스포츠센터 안에 있어요.

마이클 그래요? 오늘 저녁에 웨이 씨하고 같이 저녁을 먹을까요?

제시카 좋아요. 6시에 스포츠센터 앞에서 만나요.

어휘와 표현

- ✓ 오래간만=오랜만
- ✓ 요즘, 지금
- ✓ 학교, 기숙사, 스포츠센터, 수영장
- ✓ 지내다, 배우다, 먹다
- ✓ 앞, 뒤, 위, 아래, 옆, 오른쪽, 왼쪽, 건너편, 맞은편, 안, 밖, 사이
- ✓ 같이
- ✓ 저녁 (*아침, 점심, 저녁)

이해하기

1. 제시카 씨는 지금 어디에 갑니까?
2. 웨이 씨는 지금 무엇을 합니까?
3. 마이클 씨와 제시카 씨는 몇 시에 어디에서 만납니까?

문법

1. N을/를 V-아요/어요

- 마이클 씨는 수업을 해요.
- 웨이 씨는 밥을 먹어요.
- 제시카는 음악을 들어요.

2. N(장소)에 가다/ 오다/ 다니다

- 저는 학교에 가요.
- 친구가 춘천에 와요.
- 형은 회사에 다녀요.

3. N에서 N을/를 V

- 웨이 씨는 지금 기숙사에서 잠을 자요.
- 마이클 씨는 도서관에서 책을 읽어요.
- 내 동생은 대학교에서 한국어를 공부해요.

4. N(시간)에

- 아침에 학교에 가요.
- 주말에 친구를 만나요.
- 1시에 학생식당에서 밥을 먹어요.

5. N은/는요?

- 제시카: 마이클 씨, 요즘 어떻게 지내요?
  마이클: 저는 잘 지내요, 제시카 씨는요?
  제시카: 저도 잘 지내요.

- 제시카: 마이클 씨, 어디에 가요?
  마이클: 저는 우체국에 가요.
  　　　　제시카 씨는요?
  제시카: 저는 문구사에 가요.

6. N(장소)에 있다/없다

- 가: 컵이 어디에 있어요?
  나: 컵은 책상 위에 있어요.

- 가: 이 근처에 은행이 있어요?
  나: 아니요. 여기에는 은행이 없어요.
  　　은행은 학교 정문 앞에 있어요.

7. N하고 (같이) V

- 일요일에 친구하고 같이 장을 봐요.
- 마이클 씨, 저녁에 웨이 씨하고 같이 우리 집에서 놀아요.
- 친구하고 같이 영화관에 가요.

8. V-(으)ㄹ까요?

- 가: 뭘 먹을까요?
  나: 저는 비빔밥이요.

- 가: 토요일에 같이 영화를 볼까요?
  나: 미안해요. 그 날은 약속이 있어요.

9. V-(으)ㅂ시다

- 가: 3시에 만날까요?
  나: 3시에는 수업이 있어요.
  　　5시에 만납시다.

- 가: 주말에 뭘 할까요?
  나: 오후에 웨이하고 같이 자전거를 탑시다.

- 가: 학생식당에서 점심을 먹을까요?
  나: 아니요, 오늘은 밖에서 먹읍시다.

연습문제

1. 다음과 같이 알맞게 바꿔 쓰십시오.

1) 동생이 밥을 먹습니다. → 동생이 밥을 먹어요.
2) 언제 학교에 갑니까? →
3) 누가 청소를 합니까? →
4) 이것은 연필입니다. →
5) 웨이는 강의실에 없습니다. →
6) 친구가 편지를 씁니다. →
7) 오늘은 바람이 붑니다. →
8) 저는 한국어를 모릅니다. →
9) 친구가 피자를 만듭니다. →
10) 주말에 친구 과제를 돕습니다. →

2. 다음을 알맞게 연결하고 문장을 완성하십시오.

1) 식당	• 영화	• 보다
2) 은행	• 책	• 빌리다
3) 미용실	• 커피	• 마시다
4) 커피숍	• 라면 ——————	• 먹다
5) 극장	• 파마	• 하다
6) 도서관	• 돈	• 찾다

1) 식당에 가요. 식당에서 라면을 먹어요.
2)

3) _____.

4) _____.

5) _____.

6) _____.

3. 다음을 한글로 쓰십시오.

1) 1시 24분 → _____.

2) 8시 18분 → _____.

3) 12시 30분 → _____.

4) 16시 6분 → _____.

5) 19시 55분 → _____.

4. 다음 대화를 완성하십시오.

1) 가: 학생회관이 어디에 있어요?
   나: 국제관 앞에 있어요.
   가: (기숙사) 기숙사는요?
   나: (국제관 옆) 국제관 옆에 있어요.

2) 가: 몇 시에 아침을 먹어요?
   나: 8시에 먹어요.
   가: (저녁) _____?
   나: (6시) _____.

3) 가: 월요일에 한국어 수업이 있어요?
   나: 네, 9시에 수업을 시작해요.
   가: (화요일) _____?
   나: (9시) _____.

4) 가: 같이 커피 마실까요?

   나: 커피를 안 좋아해요.

   가: (오렌지주스) _____?

   나: _____.

5) 가: 한국어 읽기 시험을 어디에서 봐요?

   나: 국제관 1층에서 봐요.

   가: (말하기 시험) _____?

   나: _____.

5. '하고 (같이)'를 사용해서 질문에 대답하십시오.

1) 가: 점심을 누구하고 먹어요?

   나: (마이클) 마이클하고 (같이) 먹어요.

2) 가: 점심을 누구하고 어디에서 먹어요?

   나: _____.

3) 가: 주말에 누구하고 뭘 해요?

   나: _____.

6. '-(으)ㄹ까요?' '-아요/어요' 또는 '-(으)ㅂ시다'를 사용해서 대화를 완성하십시오.

1) 가: 무엇을 먹을까요?

   나: 된장찌개를 먹을까요? / 된장찌개를 먹어요. / 된장찌개를 먹읍시다.

2) 가: 일요일에 어디에 갈까요?

   나: _____.

3) 가: 어디에서 저녁을 먹을까요?

   나: _____.

5) 가: 무슨 책을 살까요?

    나: _____.

6) 가: 주말에 무엇을 할까요?

    나: _____.

7. 다음 대화를 완성하십시오.

가　수업이 몇 시에 끝나요?
나: _____.
가　같이 _____(으)ㄹ까요?
나　좋아요. 같이 _____.
(식당에서)
가　무엇을 _____(으)ㄹ까요?
나　_____(으)ㄹ까요?
가　네, 좋아요. _____ 을/를 _____ 아요/어요.

가　이번 주 금요일에 _____(으)ㄹ까요?
나: 미안해요. 금요일에는 _____.
가　그러면 토요일에 _____(으)ㄹ까요?
나　좋아요. 어디에서 _____(으)ㄹ까요?
가　_____ 아요/어요.
나　몇 시에 만날까요?
가　_____ 아요/어요.
나　네. 좋아요.

시간

시	1	2	3	4	5	6	7	8	9	10	11	12
	한	두	세	네	다섯	여섯	일곱	여덟	아홉	열	열 한	열 두

분	1	2	3	4	5	6	10	20	30	40	50	60
	일	이	삼	사	오	육	십	이십	삼십	사십	오십	육십

읽기

1. 다음을 읽고 질문에 답하십시오.

〈마흐멧의 하루〉

저는 마흐멧입니다. 저는 터키 사람입니다. 저는 한림대학교 경영학과 1학년 학생입니다.

저는 학교 기숙사에 삽니다. 저는 아침 7시에 일어납니다. 아침에는 기숙사에서 빵을 먹습니다. 그리고 8시 반에 학교에 갑니다. 오전에는 전공 수업이 많습니다. 수업은 12시에 끝납니다. 12시에는 친구들과 학생식당에서 점심을 먹습니다. 오후 수업은 3시에 끝납니다.

오후에는 친구들과 농구장에서 농구를 합니다. 그리고 기숙사에 돌아옵니다. 저녁은 룸메이트와 같이 먹습니다. 룸메이트는 한국 사람이 아닙니다. 중국 사람입니다. 국어국문학과 1학년 학생입니다. 룸메이트는 한국말을 잘합니다.

저는 8시에 숙제를 합니다. 인터넷도 조금 합니다. 이메일도 보냅니다. 그리고 보통 밤 11시쯤 잡니다.

1) 마흐멧은 어느 나라 사람입니까?
   ➡ _____.

2) 마흐멧의 전공은 무엇입니까?
   ➡ _____.

3) 마흐멧은 아침에 전공 수업이 많습니까?
   ➡ _____.

4) 마흐멧은 12시에 룸메이트와 점심을 먹습니까?
   ➡ _____.

5) 마흐멧은 오후에 무엇을 합니까?
   ➡ _____.

2. 이것은 웨이 씨의 수첩입니다. 수첩을 보고 맞는 것에 ✓ 하십시오.

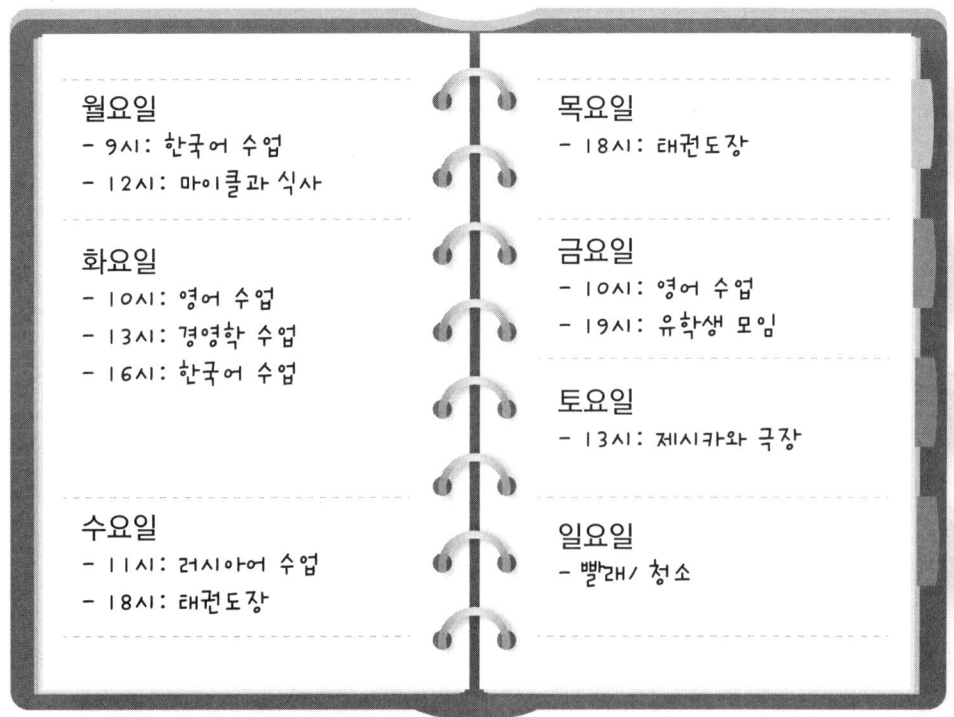

1) 웨이 씨는 러시아어를 배워요. ☐
2) 웨이 씨는 목요일 아침에 태권도장에 가요. ☐
3) 웨이 씨는 금요일 저녁에 유학생 모임이 있어요. ☐
4) 웨이 씨는 월요일 아침에 한국어 수업이 없어요. ☐
5) 웨이 씨는 월요일에 마이클 씨하고 점심을 먹어요. ☐
6) 웨이 씨는 화요일 오후 한 시에 전공 수업이 있어요. ☐
7) 웨이 씨는 토요일에 제시카 씨하고 영화를 봐요. ☐
8) 한국어 수업은 일주일에 두 번 있어요. ☐
9) 웨이 씨는 일주일에 세 번 태권도를 배워요. ☐
10) 목요일에는 수업이 없어요. ☐
11) 웨이 씨는 일요일에 빨래를 해요. ☐

쓰기

1. 여러분은 일주일 동안 무엇을 합니까? 아래의 문형을 사용해서 '나의 일주일'에 대해 쓰십시오.

요일	월	화	수	목	금	토	일
하는 일							

> V-아요/어요　　　　　　　　N(시간)에
> N(장소)에 가다/ 오다/ 다니다　　N하고 (같이) V
> N에서 N을/를 V　　　　　　　N이/가 있다/없다

나의 일주일

3과 기숙사에서 신을 신발을 사러 왔어요

기본 대화문

주 인 어서 오세요, 뭘 찾으세요?

제시카 기숙사에서 신을 신발을 사러 왔어요. 어떤 게 있어요?

주 인 저기 휴지 코너 뒤에 여러 종류가 있어요. 골라 보세요.

제시카 이건 얼마예요?

주 인 아, 그 슬리퍼는 굽이 높아서 기숙사에서 신기에 불편해요.
그 옆에 줄무늬 슬리퍼는 어때요?

제시카 편해 보여서 마음에 들어요. 얼마예요?

주 인 한 켤레에 3000원이에요.

제시카 그럼 그걸로 주세요.

....

웨 이 제시카 씨, 슬리퍼가 예뻐요. 어디에서 샀어요?

제시카 아까 학생회관에 있는 문방구에서 샀어요.

웨 이 아, 물건 값은 어때요? 많이 비싸요?

제시카 밖에 있는 마트보다 비싸지 않아요.

어휘와 표현

- ✓ 기숙사
- ✓ 코너
- ✓ 종류
- ✓ 슬리퍼
- ✓ 굽
- ✓ 줄무늬
- ✓ 켤레
- ✓ 문방구

이해하기

1. 제시카 씨는 왜 문방구에 갔습니까?
2. 제시카 씨는 문방구에서 무엇을 샀습니까?
3. 문방구에서 파는 물건의 가격은 어떻습니까?

문법

1. V/A-(으)시다
- 가: 선생님, 어디에 가십니까?(가세요?)
  나: 도서관에 가요.
- 할머니께서 버스를 타십니다.
- 아버지께서 거실에서 책을 읽으십니다.

2. V-(으)러 가다/오다
- 가: 저녁 먹으러 갈까요?
  나: 네, 좋아요.
- 동생이 책을 빌리러 도서관에 갔어요.
- 친구를 만나러 커피숍에 갑니다.

3. V-(으)십시오/-(으)세요
- 2층으로 가십시오(가세요).
- 자리에 앉으십시오(앉으세요).
- 이름을 써 주십시오(써 주세요).
- 책을 읽어 주십시오(읽어 주세요).

4. V/A-았어요/었어요
- 어제 명동에서 친구를 만났어요.
- 동생에게 생일 선물을 주었어요.
- 도서관에서 한국어를 공부했어요.

5. V/A-아서/어서
- 가: 왜 과제를 못했어요?
  나: 아파서 못 했어요.
- 가: 어제 친구들하고 노래방에 갔어요?
  나: 아니요, 저는 피곤해서 집에 갔어요.
- 오늘은 비가 와서 농구를 못해요.
- 배가 불러서 안 먹었어요.

6. N이/가 A-아요/어요
- 바나나가 맛있어요.
- 한국어가 재미있어요.
- 오늘은 날씨가 따뜻해요.
- 마이클 씨는 키가 커요.

7. N에
- 주스 한 병에 1000원이에요.
- 닭갈비 1인분에 얼마예요?

8. V/A-지 않다, 안 V/A
- 오늘은 학교에 가지 않아요/ 안 가요.
- 저는 술을 마시지 않습니다/ 안 마셔요.
- 일요일에는 운동을 하지 않아요/ 안 해요.

연습문제

1. '-(으)시'를 사용하여 다음 대화를 완성하십시오.

1) 마이클: 뭐 <u>읽으세요?</u>

   웨 이: 책을 읽어요.

2) 마이클: 요즘 어떻게 _____?

   제시카: 잘 지내요.

3) 마이클: 무슨 일을 _____?

   제시카: 저는 회사원이에요.

4) 직원: 무엇을 _____?

   손님: 청바지를 찾아요.

5) 마이클: 어디에 사세요? 무엇을 공부하세요? 몇 학년이세요?

   나 : _____

   _____

   _____.

6) 마이클: 부모님께서는 어디에 (살다) _____?

   나 : 부모님은 _____.

2. 다음 대화를 완성하십시오.

1) 가: 옷을 사러 어디에 가세요?
   나: 미용실에 가요.

2) 가: 머리를 하러 어디에 가세요?
   나: _____.

3) 가: 저녁을 먹으러 어디에 가세요?
   나: _____.

4) 가: 공부를 하러 어디에 가세요?
   나: _____.

3. 어디에 가세요? 다음 그림을 보고 '-(으)러 가다'를 사용해 대답하십시오.

1) 농구를 하러 농구장에 가요
2) _____
3) _____
4) _____
5) _____
6) _____
7) _____
8) _____

4. '-(으)십시오' 또는 '-(으)세요'를 사용해 대화를 완성하십시오.

1) 가: 피곤해요.
   나: 기숙사에서 쉬세요.

2) 가: 수업에 늦었어요.
   나: _____.

3) 가: 감기에 걸렸어요.
   나: _____.

4) 가: 내일 한국어 시험이 있어요.
   나: _____.

5) 가: 버스를 타러 버스터미널에 갔습니다. 버스표가 없습니다.
   나: _____.

6) 가: 방학입니다. 시간이 많습니다.
   나: _____.

5. 다음에서 알맞은 표현을 찾아 문장을 완성하십시오.

> 와 주다   늦다   만나다   가르쳐 주다   도와 주다

1) _____ 아서/어서 반갑습니다.

2) 제 생일에 _____ 아서/어서 감사드립니다.

3) _____ 아서/어서 죄송합니다.

4) 한 학기 동안 _____ 아서/어서 감사드립니다.

5) 약속 시간에 _____ 아서/어서 미안해요.

6) 한국어 숙제를 _____ 아서/어서 고마워요.

6. 다음을 알맞게 연결하고 문장을 완성하십시오.

1) 배 • • 없다 • • 병원에 가다
2) 돈 • • 오시다 • • 공항에 가다
3) 약속 • • 있다 • • 은행에 가다
4) 부모님 • • 생일이다 • • 고향에 가다
5) 방학 • • 아프다 • • 명동에 가다
6) 친구 • • 되다 • • 케이크를 사다

1) 배가 아파서 병원에 갔어요.
2) _____.
3) _____.
4) _____.
5) _____.
6) _____.

7. 다음 문장을 완성하십시오.

1) (기숙사, 크다) → 기숙사가 큽니다(커요).
2) (공기, 깨끗하다) → _____.
3) (휴대전화, 비싸다) → _____.
4) (도서관, 조용하다) → _____.
5) (제시카 씨, 예쁘다) → _____.
6) (책, 많다) → _____.
7) (동생, 키, 작다) → 동생은 키가 작습니다(작아요).
8) (도서관, 책, 많다) → _____.
9) (학생식당, 음식값, 싸다) → _____.
10) (춘천, 호수, 많다) → _____.

8. 다음 그림을 보고 문장을 완성하십시오.

1) 1500원 — 밥 한 그릇에 천오백 원입니다.

2) 30,000원 — _____.

3) 2,400원 — _____.

4) 1,200원 — _____.

5) 3,500원 — _____.

6) 950,000원 — _____.

7) 3,000원 — _____.

8) 1,800원 — _____.

9) 12,000원 — _____.

10) 5,500원 — _____.

9. 다음 대화를 완성하십시오.

1) 가: 무엇을 먹었어요?
   나: (된장찌개) 된장찌개를 먹었어요.

2) 가: 추석에 무엇을 했어요?
   나: _____.

3) 가: 오늘 몇 시에 일어났어요?

   나: _____.

4) 가: 평소에(보통) 저녁을 어디에서 먹어요?

   나: _____.

5) 가: 오늘 수업이 몇 시간 있어요?

   나: _____.

6) 가: 어제는 수업이 몇 시간 있었어요?

   나: _____.

10. 다음 그림을 보고 대화를 만들어 보십시오.

1) 가: 제시카 씨가 영화를 봐요?

   나: 아니요, 제시카 씨가 영화를 **보지 않아요./안 봐요.**

2) 가: _____?

   나: _____.

3) 가: _____?

   나: _____.

4) 가: _____?

   나: _____.

5) 가: _____?

   나: _____.

읽기

※ 다음 포스터를 보고 질문에 답하십시오.

```
사거리 슈퍼 10월 10일 OPEN!!
    OPEN 기념 SALE!!
```

10/10 (월)	10/11 (화)	10/12 (수)
2,900원	5,000원	5개 들이 2,350원
1,500원	950원	1+1 3,800원
2,000원	4,000원	1,000원

OPEN: AM 9:00
CLOSE: PM 12:00
☎ 263-4989
(배달 가능 / 일요일은 쉽니다)

오시는 길!
춘천초등학교 개나리 아파트
← 사거리 슈퍼

1. 맞으면 ○, 틀리면 X 하십시오.

1) 사거리 슈퍼가 처음 문을 열었습니다. ( )

2) 사거리 슈퍼는 개나리 아파트 건너편에 있습니다. ( )

3) 사거리 슈퍼 근처에는 병원과 서점이 있습니다. ( )

4) 사거리 슈퍼는 오후 9시에 문을 엽니다. ( )

5) 사거리 슈퍼는 밤 12시에 문을 닫습니다. ( )

6) 사거리 슈퍼는 일요일에 문을 엽니다. ( )

7) 월요일에는 과일이 쌉니다. ( )

8) 화요일에는 사과가 한 바구니에 오천 원입니다. ( )

2. 제시카 씨는 지금 과일을 사러 사거리 슈퍼에 갑니다. 그런데 웨이 씨를 만났습니다. 다음 두 사람의 대화를 읽고 무엇이 틀렸는지 이야기해 보십시오.

1)
웨 이 제시카! 어디에 가요?
제시카 사거리에 슈퍼가 새로 생겼어요. 어제 전단지를 받았어요.
        그래서 과일을 사러 슈퍼에 가요.
웨 이 슈퍼 이름이 뭐예요?
제시카 사거리 슈퍼예요. 그 슈퍼는 배달도 해요.
웨 이 배달도 해요? 그 슈퍼 전화번호가 몇 번이에요?
제시카 잠깐만요. 아, 여기 있어요. 전화번호는 이육사에 삼구팔구예요.

2)
웨 이 슈퍼가 언제 문을 열었어요?
제시카 어제 처음 열었어요.
웨 이 제시카 씨는 어제도 사거리 슈퍼에 갔어요.
제시카 네. 사람이 너무 많았어요. 어제는 채소가 쌌어요.
        그래서 오이하고 무를 샀어요. 오이가 세 개에 이천 원,
        무가 한 개에 이천오백 원이었어요.
웨 이 오늘은 뭐가 싸요?
제시카 오늘은 과일이 싸요.

3)
제시카 웨이 씨, 이 전단지를 보세요. 오늘은 과일이 정말 싸요!
웨 이 사과하고 바나나가 정말 싸요! 바나나는 한 개에 사천 원이에요!
제시카 네. 내일은 우유가 싸요. 우유가 한 병에 삼천팔백 원이에요.
        양말도 두 켤레에 천원이에요.
웨 이 저도 가고 싶어요. 하지만 지금은 약속이 있어요. 위치가 어디예요?
제시카 춘천 초등학교 근처예요. 초등학교 바로 옆에 있어요.

3. 제시카 씨의 영수증을 보고 맞는 것에 ✓ 하십시오.

```
            사거리 슈퍼  Tel. 033-263-4989
         www.sagori.co.kr 춘천시 옥천동 개나리길 234
              교환, 환불시 영수증이 필요합니다.
         10/11 17:30[화]        No. 0408
         ------------------------------------
         상품명        가격     수량      금액

         사과         5,000      1       5,000
         오렌지 빵      650      2       1,300
         물            600      1         600
         칫솔         2,000      1       2,000
         ------------------------------------
         결제액                          8,900
         내신 돈                        10,000
         거스름돈                        1,100
```

1) 사거리 슈퍼는 옥천동 개나리길에 있습니다. ☐

2) 제시카 씨는 화요일 오전에 사거리 슈퍼에 갔습니다. ☐

3) 제시카 씨는 사거리 슈퍼에서 오렌지를 두 개 샀습니다. ☐

4) 빵은 한 개에 육백오십 원이었습니다. ☐

5) 물은 한 병에 오백 원이었습니다. ☐

6) 물건 값은 모두 팔천구백 원이었습니다. ☐

7) 제시카 씨는 만 원을 냈습니다. ☐

8) 제시카 씨는 거스름돈을 천이백 원 받았습니다. ☐

쓰기

1. 이번 주 학생 식당 메뉴입니다. 다음을 보고 다시 쓰십시오.

점심 메뉴 안내

월	화	수	목	금	토
김치찌개 (3,000원)	비빔밥 (4,000원)	된장찌개 (3,000원)	돈가스 (3,500원)	김치볶음밥 (3,700원)	자장면 (2,500원)

※ 점심 시간 : 11:30 ~ 13:30

월요일 메뉴는 김치찌개예요. 가격은

가격

10	100	1,000	10,000	100,000	1,000,000	10,000,000	100,000,000
십 원	백 원	천 원	만 원	십만 원	백만 원	천만 원	억

- 200: 이백 원 / 50,000: 오만 원 등

2. 다음 영수증을 보고 쇼핑한 이야기를 쓰십시오.

가자 마트	Tel. 033-263-4989

주소: 춘천시 옥천동 개나리길 348
교환. 환불시 영수증이 필요합니다.

3/13 10:30[월]   No. 0409

상품명	가격	수량	금액
오렌지	1,000	3	3,000
콜라	550	2	1,100

결제액	4,100
내신 돈	10,000
거스름돈	5,900

맛나 식당	Tel. 033-248-5271

주소: 춘천시 옥천동 개나리길 298
교환. 환불시 영수증이 필요합니다.

3/13 13:30[월]   No. 1987

상품명	가격	수량	금액
된장찌개	5,500	1	5,500
오렌지 빵	6,000	1	6,000

결제액	11,500
내신 돈	20,000
거스름돈	8,500

> N을/를 V   N에   V/A-았어요/었어요   N이/가 A

저는 어제 오전에 가자 마트에 갔어요.

_____

저는 어제 오후에 친구하고 맛나 식당에 갔어요.

_____

4과 길이 복잡하니까 버스를 타지 마세요

기본 대화문

웨 이 여기에서 인사동까지 얼마나 걸려요?

승 우 버스로 한 시간쯤 걸려요.

웨 이 한 시간이요? 그럼 지하철로 얼마나 걸려요?

승 우 지하철로는 오십 분쯤 걸려요. 두 번 갈아타야 해요. 약속이 있어요?

웨 이 오늘 인사동에서 친구하고 약속이 있어요.

  식사를 하고 차를 마실 거예요.

승 우 오늘은 주말이어서 길이 복잡해요.

웨 이 벌써 6시예요. 늦었어요.

승 우 그래요? 길이 복잡하니까 버스를 타지 마세요.

웨 이 알았어요. 지하철을 타겠어요.

승 우 그래요. 그리고 친구한테 전화해 주세요.

어휘와 표현

- ✓ 얼마나
- ✓ 걸리다
- ✓ 쯤
- ✓ 복잡하다
- ✓ 한테
- ✓ 지하철
- ✓ 버스
- ✓ 타다
- ✓ 갈아타다

이해하기

1. 웨이 씨는 왜 인사동에 갑니까?
2. 인사동까지 지하철로 얼마나 걸립니까?
3. 웨이 씨는 인사동에서 무엇을 할 겁니까?

4과 길이 복잡하니까 버스를 타지 마세요

문법

1. N에서 N까지
- 집에서 학교까지 20분이 걸려요.
- 학교에서 터미널까지 멀지 않아요.
- 여기에서 도서관까지 얼마나 걸려요?

2. N(으)로
- 기차로 서울에 가요.
- 드라마로 한국어를 공부해요.
- 연필로 편지를 써요.
- 가: 어떻게 왔어요?
  나: 버스로 왔어요. / 택시로 왔어요. / *걸어서 왔어요.

3. S-고 S
- 가방이 싸고 튼튼해요.
- 마이클은 테니스를 치고 제시카는 책을 읽어요.
- 어제 청소를 하고 숙제를 했어요.
- 이번 주말에 영화를 보고 공원에 갈 거예요.

4. V/A-(으)니까
- 비가 오니까 우산을 가져가세요.
- 돈이 없으니까 버스를 탑시다.
- 날씨가 추우니까 집 안에서 놉시다.
- 시험이 끝났으니까 일찍 집에 가세요.

5. V-지 말다
- 시험시간에는 옆 사람과 이야기하지 마세요.
- 여기에서는 담배를 피우지 마세요.
- 도서관에서 음식을 먹지 마세요.

6. V-겠다
- 가: 무엇을 드시겠어요?
  나: 저는 비빔밥을 먹겠어요.
- 이번 주말에 영화를 보겠어요.
- 방학에 여행을 가겠어요.

연습문제

1. '~에서 ~까지'를 사용해 다음 문장을 완성하십시오.

집	병원	1시간 30분
	회사	40분
	학교	30분
	지하철역	10분
	극장	1시간 20분
	출입국관리사무소	50분

1) 가: 집에서 병원까지 얼마나 걸려요?

   나: 집에서 병원까지 1시간 30분 걸려요.

2) 가: 집에서 회사까지 얼마나 걸려요?

   나: _____.

3) 가: 집에서 학교까지 얼마나 걸려요?

   나: _____.

4) 가: 집에서 지하철역까지 얼마나 걸려요?

   나: _____.

5) 가: 집에서 극장까지 얼마나 걸려요?

   나: _____.

6) 가: 집에서 출입국관리사무소까지 얼마나 걸려요?

   나: _____.

4과 길이 복잡하니까 버스를 타지 마세요

2. 다음을 알맞게 연결하고 문장을 완성하십시오.

1) 기차 • • 손을 씻다
2) 가위 • • 서울에 가다
3) 인터넷 • • 단어를 찾다
4) 돈 • • 편지를 쓰다
5) 연필 • • 종이를 자르다
6) 비누 • • 물건을 사다

1) 기차로 서울에 가요.
2)
3)
4)
5)
6)

3. 빈칸에 알맞은 말을 넣어 다음 대화를 완성하십시오.

1) 가: 학교 에서 버스터미널 까지 (멀다) 멀어요 ?
   나: 네, 멀어요.

2) 가: 집_____ 학교_____ (멀다)_____?
   나: 아니요, (가깝다)_____.

3) 가: 고향_____ 한국_____?
   나: _____.

4) 가: 학교에 어떻게 와요?
   나: (걷다)_____ 와요.

5) 가: 학교에 (자동차) _____?

　　나: 아니요.

　　가: 그럼 어떻게 와요?

　　나: 저는 _____.

6) 가: 집 _____ 학교 _____ 얼마나 걸려요?

　　나: _____ 걸려요.

7) 가: 고향 _____ 한국 _____ 얼마나 걸려요?

　　나: _____ (으)로 _____ 쯤 걸려요.

8) 가: 여기에 극장이 있어요?

　　나: 네, 저쪽에 있어요.

　　가: 여기 _____ 극장 _____ 얼마나 걸려요?

　　나: _____ (아서/어서) _____ 쯤 걸려요.

4. '-고'를 사용해 대화를 완성하십시오.

1) 가: 어디에 가요?

　　나: 식당에 가요 _____.

　　가: 그 식당이 어때요?

　　나: 음식이 맛있고 값도 싸요 _____. (음식 맛이 좋다, 값도 싸다)

2) 가: 어제 무엇을 했어요?

　　나: 극장에서 _____.

　　가: 그 영화가 어땠어요?

　　나: _____. (신나다, 재미있다)

3) 가: 어느 학교 학생이에요?

　　나: 저는 _____.

　　가: 한국대학교가 어때요?

　　나: _____. (깨끗하다, 아름답다)

4) 가: 밖에 날씨가 어때요?

   나: 별로 좋지 않아요. _____. (바람이 불다, 춥다)

5) 가: 지난 주말에 뭘 했어요?

   나: _____고 친구를 만나서 _____고 _____-았어요/었어요.

5. '-(으)니까'를 사용해 다음 대화를 완성하십시오.

1) 가: 실례지만, 여기 식권 파는 곳이 어디예요?

   나: 지금 식권 파는 곳은 (복잡하다) <u>복잡하니까</u> 저기 '식권 자동발매기'를 이용하세요.

2) 가: 오늘도 바람이 많이 불어?

   나: 응, 밖에 바람이 많이 (불다) _____ 마스크 쓰고 나가.

3) 가: 수업에 (늦다) _____ 택시를 타고 갈까요?

   나: 아니요, 그냥 뛰어 갑시다.

4) 가: 그 책 다 읽었어요? 다 읽었으면 다시 주세요.

   나: 아니요, 아직 _____ 다음 주에 줄게요.

5) 가: 시간 있으면 오늘 같이 영화 보러 갈까?

   나: 내일 (기말 시험이 있다) _____.

6) 가: 여보세요? 마이클 좀 바꿔 주세요.

   나: 마이클은 지금 _____ 나중에 다시 전화해 주세요.

7) 가: 경복궁까지 버스로 갈까요?

   나: 지금은 (시간이 너무 늦다) _____ 택시를 타요.

6. 다음을 읽고 맞는 문장을 연결하십시오.

① 오늘은 날씨가 나쁘니까 •   • 커피를 한 잔 할까요?

② 주말에는 사람이 많아서 •   • 다음에 갑시다.

③ 아직 시간이 있으니까 •   • 늦지 마세요.

④ 어제는 비가 많이 와서 •   • 영화표가 없어요.

⑤ 4시 표를 예매했으니까 •   • 영화관에 안 갔어요.

7. '-지 말다'를 사용해 다음을 한 문장으로 다시 써 보십시오.

	-부터 -까지	-(으)니까	-지 말다
①	12시~1시	점심시간이다	방문하다
②	월요일~수요일	화장실 수리를 하다	사용하다
③	3월 5일~10일	연휴이다	물건을 주문하다
④	아침 11시~ 오후 3시	물이 안 나오다	화장실을 사용하다
⑤	9시~1시	수업중이다	떠들다
⑥			

1) 12시부터 1시까지 점심시간이니까 방문하지 마십시오.

2)

3)

4)

5)

6)

8. '-겠다'를 사용해 다음 빈 칸을 알맞은 표현을 써 넣으십시오.

1) 가: 무엇을 (드시다) __드시겠어요?__
   나: 저는 볶음밥을 (먹다) __먹겠어요.__

2) 가: 언제 (오다) _____?
   나: 내일 _____.

3) 가: 어디에서 볼까요?
   나: 제가 그쪽으로 _____.

4) 가: 제시카 씨, 내일 마이클 씨 생일이에요. 무엇을 선물하겠어요?
   나: 저는 _____.

5) 가: 언제 서울에 갈 겁니까?
   나: 저는 내일 _____.

6) 선생님: 누가 오늘 책을 (읽다) _____?
   마이클: 선생님, 제가 _____.

7) 마이클: 제 생일에 와 주셔서 고맙습니다. 많이 드세요.
   친구들: 네, 잘 (먹다) _____.

읽기

※ 다음 대화를 읽고 질문에 답하십시오.

하늘극장에 어떻게 가요?

웨 이: 지훈 씨, 학교 근처에 영화관이 있어요?

지 훈: 아니요, 학교 근처에는 없어요. 명동에 보람극장이 있고 백화점 근처에 하늘극장이 있어요.

웨 이: 어디가 더 좋아요?

지 훈: 글쎄요. 보람극장은 가까워서 좋고 하늘극장은 크고 깨끗해서 좋아요.

웨 이: 하늘극장은 학교에서 멀어요?

지 훈: 네, 조금 멀어요. 하지만 영화관이 커서 항상 여러 편의 영화를 해요.

웨 이: 하늘극장에는 어떻게 가요?

지 훈: 택시나 버스를 타고 가요. 택시는 요금이 비싸니까 ㉠_____.
학교 앞에서 7번 버스나 8번 버스를 타세요. 그리고 하늘극장 앞에서 내리세요.

웨 이: 학교에서 극장까지 얼마나 걸려요?

지 훈: 버스로 십 분쯤 걸려요. 가까우니까 한 번 가 보세요.

1. 다음을 읽고 맞는 것에 ○, 틀린 것에 X 하십시오.

1) 학교 근처에는 영화관이 많습니다. ( )
2) 하늘극장은 학교에서 가깝고 깨끗합니다. ( )
3) 하늘극장에서는 여러 가지 영화를 합니다. ( )
4) 8번 버스는 보람극장에 갑니다. ( )
5) 학교에서 하늘극장까지 버스로 30분 정도 걸립니다. ( )

2. ㉠에 적당한 말을 쓰십시오.

※ 다음 대화를 읽고 질문에 답하십시오.

웨이의 하루

저는 지난 주말에 인사동에 갔습니다. 주말이라서 교통이 복잡했습니다. 그래서 학교에서 인사동까지 버스로 한 시간 반쯤 걸렸습니다. 길이 막혀서 제가 약속 시간에 늦었습니다. 제시카 씨는 인사동에서 저를 기다리고 있었습니다. 제시카 씨에게 미안했습니다.

우리는 인사동에서 식사를 하고 쇼핑을 했습니다. 청정 한식집에 갔습니다. 그 식당은 불고기와 육개장이 아주 유명합니다. 불고기와 육개장은 맛있었지만 비쌌습니다. 그리고 우리는 옷 가게에 갔습니다. 제시카 씨는 원피스를 샀습니다. 그 원피스는 싸고 예뻤습니다. 제시카 씨가 좋아했습니다. 저는 한국 전통 부채를 샀습니다. 지금은 ㉠_____ 제 고향은 더울 겁니다. 부모님에게 드릴 겁니다.

인사동은 볼거리가 많아서 신기하고 재미있었습니다. 다음에는 부모님과 같이 가야겠습니다.

1. 다음을 읽고 <u>틀린 것을</u> 고르십시오.

① 웨이 씨는 지난 주말에 친구를 만났습니다.
② 웨이 씨는 부모님에게 드릴 선물을 샀습니다.
③ 웨이 씨와 친구는 인사동에서 옷을 샀습니다.
④ 웨이 씨와 친구는 인사동에서 한국 음식을 먹었습니다.

2. ㉠에 적당한 말을 쓰십시오.

3. 웨이 씨는 주말에 무엇을 했는지 차례대로 쓰십시오.

쓰기

※ 한국에서 어디에 가 봤습니까? 거기에서 무엇을 했습니까? 거기는 어땠습니까?
아래의 문형을 사용해 쓰십시오.

> N에서 N까지　　　　　N이/가 걸리다
> N(으)로　　　　　　　S-고 S

나는 _____ 에 갔습니다.

4과 길이 복잡하니까 버스를 타지 마세요

5과 더러운 옷이 많아서 빨래를 해야 해요

기본 대화문

웨 이 　제시카 씨, 안녕하세요?

제시카 　안녕하세요? 웨이 씨도 기숙사에서 살아요?

웨 이 　네, 이번 학기부터 기숙사에서 살 거예요.

제시카 　기숙사에 친한 친구가 있어요?

웨 이 　네, 같은 반에서 한국어를 공부하는 친구들이 몇 명 있어요.

제시카 　그렇군요. 앞으로 자주 만나요.

　　　　빨래도 같이 하고, 요리도 같이 하고요.

웨 이 　기숙사에서 요리를 해도 돼요?

제시카 　네, 밤 10시 전까지는 요리를 해도 돼요. 1층에 주방이 있어요.

웨 이 　주방이요?

제시카 　네, 주방은 기숙사에 사는 학생들이 요리를 하는 장소예요.

　　　　주방 옆에는 TV를 보는 곳도 있어요.

웨 이 　빨래는 어디에서 해요? 더러운 옷이 많아서 빨래를 해야 해요.

제시카 　세탁기가 있는 곳은 2층이에요. 저도 지금 세탁실에 갈 거예요.

　　　　같이 갈까요?

웨 이 　네, 좋아요.

어휘와 표현

- ✓ 기숙사
- ✓ 빨래, 요리
- ✓ 주방, 세탁실
- ✓ 층
- ✓ 장소
- ✓ 자주
- ✓ 친하다
- ✓ 같다
- ✓ 더럽다

이해하기

1. 웨이 씨와 제시카 씨가 이야기하는 곳은 어디입니까?
2. 기숙사에서는 언제 요리를 해도 됩니까?
3. 두 사람은 이제 무엇을 할 겁니까?

문법

1. V-(으)ㄹ 것이다

- 수업 끝나고 김밥을 먹을 거예요.
- 주말에는 기숙사에서 잠을 잘 거예요.
- 오후에 친구하고 한국어를 공부할 거예요.

2. V-(으)ㄴ/는/(으)ㄹ N, A-(으)ㄴ/는 N

- 어제 먹은 사과는 맛이 없었어요.
- 지금 보는 책은 한국어 책이에요.
- 내일 만날 친구는 고향 친구예요.
- 작은 모자가 예뻐요.
- 큰 가방이 필요해요.
- 재미있는 영화를 보고 싶어요.

3. V-아도/어도 되다

- 주말에는 늦게 들어가도 돼요.
- 가: 창문을 열어도 될까요?
  나: 열어도 돼요.
- 가: 담배를 피워도 됩니까?
  나: 네, 괜찮아요.

4. V-아야/어야 하다

- 바빠도 아침밥을 먹어야 해요.
- 1교시에 수업이 있어서 학교에 일찍 가야 해요.
- 다음 주부터 시험이어서 시험공부를 해야 해요.

연습문제

1. '-(으)ㄹ 것이다'를 사용해서 다음 대화를 완성하십시오.

1) 가: 이번 주말에 뭘 _____?
   나: 친구하고 영화를 _____.
   가: 무슨 영화를 _____?
   나: (무섭다, 영화) _____.

2) 가: 대학을 졸업하면 무엇을 _____?
   나: (경찰관, 되다) _____.
   가: 왜요?
   나: (어렵다, 사람, 도와주다) 경찰관이 되어서 _____.

3) 가: 오늘 학교에서 하는 콘서트에 _____?
   나: 네, 저는 _____. 철수 씨는요?
   가: 저도 _____. 친구들도 갈까요?
   나: 오늘 시험이 끝났으니까 모두 같이 _____.

2. '-(으)ㄴ'를 사용해서 다음 문장을 완성하십시오.

1) 제가 지난주에 _____ 영화가 정말 재미있었어요.

2) 지난주에 _____ 사람은 춘천에 사는 사람이었어요.

3) 작년 생일에 _____ 선물이 어디에 있어요?

4) 이 사진은 언제 _____ 사진이에요?

5) 아까 _____ 택배가 뭐예요?

3. '-는'를 사용해서 다음 문장을 완성하십시오.

1) 우리 반에는 기숙사에서 ＿＿＿＿＿ 사람이 많아요.

2) 피아노를 ＿＿＿＿＿ 사람이 제 누나예요.

3) 오늘은 바람이 많이 ＿＿＿＿＿ 날입니다.

4) 이 과일은 어머니께서 ＿＿＿＿＿ 것입니다.

4. '-(으)ㄹ'를 사용해서 다음 문장을 완성하십시오.

1) 내일이 친구 생일이어서 ＿＿＿＿＿ 것이 많아요.

2) 다음에 우리가 ＿＿＿＿＿ 곳은 안동 하회마을입니다.

3) 냉장고에 ＿＿＿＿＿ 물이 한 병도 없어요.

4) 이번 주말에 우리 집에 놀러 ＿＿＿＿＿ 사람 있어요?

5) 다음 주에 시험 ＿＿＿＿＿ 과목이 몇 과목이에요?

5. '-(으)ㄴ'를 사용해서 다음 문장을 완성하십시오.

1) 식당에서 ＿＿＿＿＿ 음식을 많이 먹었어요.

2) 저기 키가 ＿＿＿＿＿ 사람이 저희 형이에요.

3) 기분이 ＿＿＿＿＿ 일이 있으면 사람들은 웃어요.

4) 집에서 가장 ＿＿＿＿＿ 시장은 한림시장이에요.

5) 백화점에는 가격이 ＿＿＿＿＿ 물건도 있지만 ＿＿＿＿＿ 물건도 있어요.

6. '-아도/어도 되다'를 사용해서 다음 대화를 완성하십시오.

1) 가: 교실에서 커피를 _____?
   나: 네, 커피를 _____.

2) 가: 기숙사에서 TV를 _____?
   나: 네, 10시 전에는 TV를 _____.

3) 가: 수업이 끝났어요. 집에 _____?
   나: 아니요, 안 돼요. 수업이 안 끝났어요.

4) 가: 비행기 안에서 _____?
   나: 아니요, 안 돼요.

7. '-아야/어야 하다'를 사용해서 다음 문장을 완성하십시오.

1) 학교에 9시까지 _____.

2) 숙제는 내일까지 _____.

3) 주말에는 친구와 _____.

4) 1시에는 _____.

읽기

※ 다음 대화를 읽고 질문에 답하십시오.

빨간 티셔츠를 입은 남자는 누구예요?

웨 이   아! 학생들이 정말 많이 왔어요! 저는 (㉠ 알다) 사람들보다 (㉡ 모르다) 사람들이 더 많아요.
제시카   그래요? 그러니까 웨이 씨도 자주 모임에 나와야 해요.
저는 유학생 모임에 자주 참석해서 사람들을 거의 다 알아요.
웨 이   캐나다 학생들도 있어요?
제시카   아니요. 이 학교에 캐나다 사람은 저뿐이에요. 내년에는 캐나다에서 제 친구들이 많이 올 거예요.
웨 이   네. 그런데 저기에 빨간 티셔츠를 입은 남자는 누구예요? 키가 굉장히 커요.
제시카   러시아학과 교환학생이에요. 러시아 사람이에요. 이번에 왔어요.
앞으로 일 년 동안 이 학교에서 ㉮ . 러시아에서 한국어를 전공해서 한국말을 아주 잘해요.
웨 이   저기, 저 사람은요?
제시카   누구요?
웨 이   저기, 모자를 쓴 사람이요.
제시카   아아, 저 남학생은 몽골 학생이에요. 국문학과 1학년이에요. 그리고 그 옆에서 전화를 하는 사람도 몽골 학생이에요. 두 사람 모두 이번 학기에 입학을 해서 아직 한국어를 잘 못해요. 그리고 창문 옆에 머리가 (㉢길다) 여학생이 일본 학생이고 그 앞에 (㉣두껍다) 안경을 쓴 여학생이 베트남 학생이에요.
웨 이   저기에 (㉤짧다) 치마를 입은 여학생은요?
제시카   웨이 씨하고 같은 중국 사람이에요. 몰랐어요?
웨 이   네? 중국 사람이에요? 몰랐어요! 잠깐 가서 인사하고 와도 돼요?
제시카   네, 그러세요.

1. 어느 나라 사람입니까? 쓰십시오.

1) 빨간 티셔츠 키가 크다
러시아

2) 모자를 쓰다

3) 전화를 하다

4) 머리가 길다

5) 안경을 쓰다

6) 치마를 입다

2. 다음을 알맞은 형태로 고치십시오.

   ㉠ 알다 → _____   ㉡ 모르다 → _____

   ㉢ 길다 → _____   ㉣ 두껍다 → _____

   ㉥ 짧다 → _____

3. 위 글의 내용과 같은 것을 고르십시오.

   ① 웨이 씨는 외국인 유학생들을 많이 압니다.

   ② 제시카 씨는 유학생 모임에 자주 왔습니다.

   ③ 웨이 씨는 앞으로 모임에 자주 참석할 겁니다.

   ④ 웨이 씨가 제시카 씨에게 학생들을 소개하고 있습니다.

4. 위 글의 내용과 <u>다른</u> 것을 고르십시오.

   ① 베트남 학생은 눈이 나쁩니다.

   ② 러시아 학생은 경영학을 전공합니다.

   ③ 몽골 학생은 국문학과 신입생입니다.

   ④ 몽골 학생은 한국어를 잘하지 못합니다.

5. 밑줄 친 ㉮에 들어갈 말을 고르십시오.

   ① 공부했어요.   ② 공부하세요.

   ③ 공부할 거예요.   ④ 공부하고 있어요.

※ 다음 대화를 읽고 질문에 답하십시오.

<기숙사 생활 규칙>

■ 출입 안내

가. 출입
   1) 현관문은 05:00에 열고 24:00에 닫습니다.
   2) 출입할 때 각 호실 카드키를 사용해야 합니다.
      분실했을 때는 사무실에 카드키 발급 비용을 내야 합니다.

나. 점호
   1) 매일 오후 24:00부터 실시하며, 각자의 호실에서 점호를 받아야 합니다.
   2) 점호는 사감 선생님이 실시합니다.
   3) 점호 시간에 방에 있어야 합니다. 불참했을 때는 벌점 대상이 됩니다.
   4) 점호 시에는 TV시청, 요리 및 세탁을 하면 안 됩니다.
      점호 후에는 TV를 봐도 됩니다. 그러나 요리와 세탁은 하면 안 됩니다.

■ 외박

가. 개인 외박
   : 외박을 하고 싶은 학생은 대학교 통합정보시스템의 온라인 외박계를 작성해야 합니다.
     다른 사람이 대신 작성하면 안 됩니다. 본인이 작성하지 않은 것은 무효입니다.

나. 단체(학과) 외박
   : 학과의 일로 단체 외박을 해야 하는 학생은 해당 학과 지도교수님의 허락을 받아야 합니다. 온라인 외박계는 작성하지 않아도 됩니다.

1. 위 글의 내용과 같은 것을 고르십시오.

① 카드키는 공짜로 다시 받을 수 있습니다.

② 방 열쇠와 기숙사 현관문 열쇠는 다릅니다.

③ 아침 6시에는 기숙사에서 나갈 수 있습니다.

④ 밤 11시 이후에는 기숙사에 들어갈 수 없습니다.

2. 위 글의 내용과 다른 것을 고르십시오.

① 점호를 할 때는 방에 있어야 합니다.

② 점호 시간 이후에 TV를 봐도 됩니다.

③ 점호 시간에 빠지면 벌점을 받습니다.

④ 점호 시간 이후에 빨래를 해도 됩니다.

3. 다음을 읽고 맞으면 ○, 틀리면 X 하십시오.

1) 외박계는 자기가 직접 써야 합니다. (　　)

2) 단체 외박은 지도교수님의 허락을 받아야 합니다. (　　)

3) 단체 외박은 온라인 외박계를 쓰지 않아도 됩니다. (　　)

4) 개인적인 일로 외박을 하려면 컴퓨터로 외박계를 써야 합니다. (　　)

쓰기

※ 아래의 문형을 사용해서 '할 수 있는 것'과 '할 수 없는 것', '해야 하는 것'에 대해 쓰십시오.

> V-아도/어도 되다   V-(으)면 안 되다   V-아야/어야 하다

1. 수업 시간에

2. 식사를 할 때

3. 운전할 때

4. 성인이 되면

5. 결혼을 하면

6과 동아리에 가입하고 싶은데 무슨 동아리가 좋을까요?

기본 대화문

웨 이   마흐멧 씨는 동아리에 가입했어요?

마흐멧   네, 저는 취미가 등산이어서 등산 동아리에 가입했어요.
웨이 씨는 무슨 동아리예요?

웨 이   저는 아직 동아리에 가입하지 않았어요.

마흐멧   그래요? 웨이 씨는 취미가 뭐예요?

웨 이   저는 음식 만드는 것을 좋아하는데 우리 학교에 요리 동아리가 있어요?

마흐멧   학교에 요리 동아리는 없는데 등산 동아리는 어때요?

웨 이   산에는 얼마나 자주 가요? 등산은 힘들지 않을까요?

마흐멧   한 달에 한 번 등산을 해요. 봄에는 가까운 산에 가고, 여름하고 가을에는 한국의 유명한 산에 가요.

웨 이   한 달에 한 번이면 저도 좋아요. 동아리에는 어떻게 가입해요?

마흐멧   가입 신청서만 쓰면 돼요. 내일 오후 5시쯤 학생회관 3층에 있는
"산 사람들" 동아리 방으로 와요. 제가 동아리 회원들을 소개해 줄게요.

어휘와 표현

- ✓ 동아리
- ✓ 가입하다 ⇔ 탈퇴하다
- ✓ 아직
- ✓ 취미
- ✓ 요리
- ✓ 얼마나
- ✓ 등산, 등산을 하다/가다
- ✓ 유명하다
- ✓ 가입 신청서
- ✓ 학생회관
- ✓ 회원
- ✓ 동아리 방

이해하기

1. 마흐멧 씨는 무슨 동아리에 가입했습니까?
2. 웨이 씨는 무슨 동아리에 가입할 겁니까?
3. 등산 동아리에 가입하려면 어떻게 해야 합니까?

문법

1. V-는 것, A-(으)ㄴ 것

- 제 취미는 재미있는 영화를 **보는 것**이에요.
- 가: **찾는 것**이 있으세요?
  나: 네, 파란색 운동화를 찾아요.
- 가방은 **작은 것**보다 **큰 것**이 좋아요.

2. V-는데, A-(으)ㄴ데, N인데

- 가: 3시에 마흐멧 씨를 **만나는데** 같이 갈래요?
  나: 미안해요, 저는 약속이 있어요.
- 가: 오늘 날씨가 **추운데** 옷을 따뜻하게 입으세요.
  나: 네, 그럴게요.
- 가: 저는 **캐나다 사람인데**, 마이클 씨는 어느 나라 사람이에요?
  나: 저는 미국 사람이에요.

3. V/A-(으)ㄹ까요?, N일까요?

- 가: 내일도 비가 **올까요**?
  나: 내일은 비가 안 올 거예요.
- 가: 영화관에 사람이 **많을까요**?
  나: 주말이라서 아마 많을 거예요.
- 가: 저 사람은 **누구일까요**?
  나: 이번 학기 우리 반 선생님이 아닐까?
  가: 아니야, 저 사람은 영어 선생님이야.

4. V/A-(으)면 되다, N(이)면 되다

- 가: 기숙사에 몇 시까지 들어가야 돼요?
  나: 기숙사에는 12시까지 **들어가면 돼요**.
- 가: 어떤 나라에서 살고 싶어요?
  나: 저는 날씨만 **따뜻하면 돼요**.
- 가: 그 영화는 누구나 볼 수 있어요?
  나: 그 영화를 보려면 **15세 이상이면 돼요**.

연습문제

1. '-는 것, -(으)ㄴ 것'을 사용해 문장을 완성하십시오.

1) _____ 것이 좋습니다.

2) _____ 것이 싫습니다.

3) _____ 것이 어렵습니다.

4) _____ 것이 재미있습니다.

5) _____ 것을 싫어합니다.

6) _____ 것을 좋아합니다.

7) _____ 것을 배우고 싶습니다.

8) _____ 것이 제 취미입니다.

9) _____ 것을 잘합니다.

10) _____ 것을 못합니다.

2. '-는데, -(으)ㄴ데, -인데'를 사용해 문장을 연결하십시오.

1) 한국어 공부를 해요. 사전이 없어요.
   ➡ 한국어 공부를 **하는데** 사전이 없어요.

2) 오늘 저녁에 약속이 있어요. 갑자기 부모님께서 고향에서 오셨어요.
   ➡ _____.

3) 도서관에서 공부를 하고 있어요. 친구에게 전화가 왔어요.
   ➡ _____.

4) 지하철역에 내렸어요. 우산이 없어서 학교까지 뛰어 갔어요.

➡ _____.

5) 그 친구는 눈이 안 좋아요. 책을 너무 많이 봐서 걱정이에요.

➡ _____.

6) 내일 등산을 갈 거예요. 날씨가 좋을까요?

➡ _____.

7) 친구 생일 파티에 갈 거예요. 무슨 선물이 좋을까요?

➡ _____.

8) 목이 아파요. 내일 외국인 노래 대회가 있어서 노래 연습을 해야 해요.

➡ _____.

9) 영화를 보고 싶어요. 영화관에 같이 갈 친구가 없어요.

➡ _____.

10) 이번 주 토요일이 친구 생일이에요. 어디에서 생일 파티를 할까요?

➡ _____.

3. '-(으)ㄹ까요?, -일까요?'를 사용해 질문에 대답하십시오.

1) 가: 어떤 사과가 <u>맛있을까요?</u>

   나: 큰 사과가 맛있을 거예요.

2) 가: 내일 등산을 가는데 _____?

   나: 아마 날씨가 좋을 거예요.

3) 가: 웨이 씨가 지금 _____?

   나: 기숙사에서 숙제하고 있을 거예요.

4) 가: 제시카 씨는 _____?

   나: 제시카 씨는 매운 음식을 좋아할 거예요.

5) 가: 이번 주 등산 모임에 _____?

　　나: 네. 오랜만에 모이는 거니까 많이 올 거예요.

6) 가: 마흐멧 씨가 왜 _____?

　　나: 오늘 부모님 만나러 서울에 간다고 했어요.

7) 가: 누가 이번 말하기 대회에서 _____?

　　나: 글쎄요. 마이클 씨가 일등을 하지 않을까요?

8) 가: 부모님께서 _____?

　　나: 9시에 기차가 출발했으니까 곧 도착하실 거예요.

9) 가: 설악산 정상까지 올라가는데 _____?

　　나: 우리는 설악산이 처음이니까 두 시간 이상 걸릴 거예요.

4. '-(으)면 되다, (이)면 되다'를 사용해 질문에 대답하십시오.

1) 가: 주말에 어떤 영화를 보고 싶어요?

　　나: _____.

2) 가: 생일 선물로 어떤 가방을 가지고 싶어요?

　　나: _____.

3) 가: 특별히 좋아하는 음식이 있어요?

　　나: _____.

4) 가: 음식이 너무 매우면 어떻게 해요?

　　나: _____.

5) 가: 수업 시간에 단어 뜻을 잘 모를 때 어떻게 해요?

　　나: _____.

6) 가: 서점에서 그 책을 안 파는데 어떻게 해요?

　　나: _____.

7) 가: 여기에서 얼마나 더 가면 돼요?

　　나: _____.

8) 가: 저도 동아리에 가입할 수 있어요?

　　나: _____.

9) 가: 그 행사에는 누구나 참여할 수 있어요?

　　나: _____.

10) 가: 2박 3일 제주도에 여행 가려면 얼마나 필요할까요?

　　나: _____.

읽기

※ 다음을 읽고 질문에 답하십시오.

> ✕ **소나무**: 작은 목소리들이 모여서 아름다운 소리를 만들어요.
>   우리는 노래 동아리예요.
>   ☆매주 수요일 오후 3시~5시 연습, 매년 봄&가을 2회 공연
>
> ✕ **천둥소리**: 사물놀이 동아리입니다. 한국 전통악기를 배우고 싶은 사람은
>   누구나 환영합니다. 처음부터 가르쳐 드립니다.
>   ☆매주 금요일 오후 4시~6시 연습, 매년 12월 1회 공연
>
> ❖ **산 사람들**: 우리는 산 사람들! 한 달에 한 번 다 함께 산에 갑시다!
>   ☆마지막 주 토요일 오전 8시 출발
>
> ❖ **이얍! 태권도**: 태권도로 몸도 건강! 마음도 건강! 초보자 환영!
>   ☆매주 목요일 저녁 7시~8시 연습, 교내 태권도장

1. 이 글을 왜 썼습니까?

① 동아리 공연을 소개하기 위해서
② 동아리 회원을 모집하기 위해서
③ 동아리 모임 장소를 알리기 위해서
④ 동아리 활동이 바쁜 것을 알리기 위해서

2. 이 글의 내용과 맞지 않는 것을 고르십시오.

① 노래하는 것을 좋아하면 소나무에 가입하면 됩니다.
② 등산 동아리에서는 매주 토요일 다 같이 등산을 합니다.
③ 천둥소리에 가입하면 한국 전통악기를 배울 수 있습니다.
④ 태권도 동아리에 태권도를 처음 하는 사람도 들어갈 수 있습니다.

※ **다음 대화를 읽고 질문에 답하십시오.**

어제 웨이 씨는 재미있는 영화가 보고 싶었습니다. (㉠) 영화 DVD를 빌리러 도서관에 갔는데 거기에서 제시카 씨를 만났습니다.

웨 이 제시카 씨, 여기서 뭐 해요?

제시카 아, 웨이 씨, 안녕하세요? 학교 홈페이지에서 동아리를 찾아보고 있는데 어떤 동아리가 좋을지 잘 모르겠어요. 웨이 씨는 동아리에 가입했어요?

웨 이 네, 지난주에 마흐멧 씨가 소개해 줘서 등산 동아리에 들어갔어요. 제시카 씨는 취미가 뭐예요?

제시카 저는 영화 보는 것하고 음악 듣는 것을 좋아해요. 그런데 (가)_____ 한국 전통 문화를 한번 배워 보고 싶어요.

웨 이 (㉡) 태권도 동아리나 사물놀이 동아리는 어때요?

제시카 그런데 전 운동하는 것을 별로 좋아하지 않아서요. 그리고 사물놀이 동아리는 금요일에 모여서 (나)_____ 그 시간에는 제가 수업이 있어서 안 돼요.

웨 이 마음에 드는 동아리를 못 찾으면 등산 동아리에 한번 와 보세요. 혹시 가입하고 싶으면 언제든지 저한테 이야기하세요.

제시카 네, 알겠어요. 생각해 볼게요. 고마워요.

1. 위 글의 내용과 같은 것을 고르십시오.

① 웨이 씨는 동아리에 이미 가입했습니다.

② 웨이 씨는 영화 동아리에 관심이 많습니다.

③ 제시카 씨는 등산 동아리에 가입하기로 했습니다.

④ 제시카 씨는 사물놀이 동아리에 가입할 생각입니다.

2. (㉠)과 (㉡)에 들어갈 알맞은 말을 쓰십시오.

㉠ _____

㉡ _____

3. 밑줄 (가)와 (나)에 들어갈 말로 적당한 것을 고르십시오.

① (가) 한국에 와서   (나) 연습을 하고

② (가) 한국에 왔는데   (나) 연습을 하니까

③ (가) 한국에 오니까   (나) 연습을 하지만

④ (가) 한국에 왔으니까   (나) 연습을 하는데

쓰기

※ 동아리의 종류

> 감상 동아리: 영화 감상 동아리, 연극 동아리, 음악 감상 동아리
> 공부 동아리: 독서 동아리, 토론 동아리
> 문화 동아리: 사물놀이 동아리, 태권도 동아리
> 운동 동아리: 등산 동아리, 농구 동아리, 탁구 동아리, 축구 동아리
> 취미 동아리: 노래 동아리, 여행 동아리, 요리 동아리, 춤 동아리
> 봉사 동아리: 교육 봉사 동아리, 재능 봉사 동아리

1. 무슨 동아리에 가입하고 싶습니까? 왜 그 동아리에 가입하고 싶습니까?

> 저는 독서 동아리에 가입하고 싶습니다. 왜냐하면 저는 책 읽는 것을 좋아하기 때문입니다.

① _____
② _____
③ _____

2. 동아리에 가입하면 어떤 점이 좋겠습니까?

> 동아리에 가입하면 좋아하는 것을 배울 수 있습니다.

① _____
② _____
③ _____

3. 앞으로 대학 동아리나 인터넷 동호회에 가입하고 싶습니까? 써 보십시오.

가입하고 싶은 대학 동아리나 인터넷 동호회	
가입하고 싶은 이유	
가입 후 특별히 하고 싶은 활동	

7과 아파 보이는데 병원에 가지 그래요?

기본 대화문

제시카   마흐멧 씨, 몸이 아파 보여요. 무슨 일이 있어요?

마흐멧   지난 주말에 등산을 했는데, 산길에서 넘어져서 다리를 다쳤어요.

제시카   눈이 많이 왔는데 등산을 했어요?

마흐멧   네, 산 아래는 눈이 안 와서 괜찮았지만

산 위는 눈이 너무 많이 와서 미끄러졌어요.

제시카   병원에는 다녀왔어요?

마흐멧   아니요. 수업이 있어서 아직 가지 못했어요.

제시카   선생님께 말씀을 드리고 빨리 병원에 가지 그래요?

공부보다 건강이 우선이에요.

마흐멧   수업 시간에는 앉아 있어서 괜찮아요.

수업이 끝난 후에 병원에 가려고 해요.

제시카   그래요. 병원에 가서 치료를 받고 빨리 나으세요.

어휘와 표현

- ✓ 우선
- ✓ 낫다
- ✓ 넘어지다
- ✓ 미끄러지다
- ✓ 다녀오다
- ✓ 등산을 하다
- ✓ 치료를 받다
- ✓ 말씀을 드리다

이해하기

1. 마흐멧 씨는 왜 다쳤습니까?
2. 지난 주말 날씨는 어땠습니까?
3. 마흐멧 씨는 언제 병원에 갈 겁니까?

문법

1. A-아/어 보이다

- 가: 무슨 일이 있어요? 바빠 보여요.
  나: 네, 오늘 저녁에 우리 과모임이 있어서 바빠요.

- 가: 이 책이 재미있어 보여요.
  나: 네, 재미있어요. 한번 읽어 보세요.

- 가: 이 떡볶이가 매워 보이는데 제가 먹을 수 있을까요?
  나: 그렇게 맵지 않아요. 한번 드셔 보세요.

2. V-지 그래요?

- 가: 시험이어서 계속 잠을 못 잤어요.
  나: 시험도 중요하지만 그래도 좀 쉬지 그래요?

- 가: 친구들이 춘천에 오는데 어디에 가면 좋을까요?
  나: 남이섬이 유명하니까 남이섬에 가 보지 그래요?

- 가: 감기에 걸려서 너무 힘들어요.
  나: 지난주부터 기침을 했는데 아직도 병원에 안 갔어요? 병원에 가지 그랬어요? 그럼 이렇게 감기가 심해지지 않았을 거예요.

3. N보다

- 내가 너보다 키가 크다.

- 가: 오늘 날씨가 어제보다 더 춥지요?
  나: 네, 어제보다 기온이 많이 내려갔어요.

- 가: 우리 반이 옆 반보다 농구를 더 잘해요?
  나: 네, 어제 농구 시합을 했는데 우리 반이 이겼어요.

4. V-아/어 있다

- 의자에 오래 앉아 있으면 건강에 안 좋아요.

- 가: 가방에 뭐가 들어 있어요?
  나: 친구에게 줄 선물이 들어 있어요.

- 동생이 감기에 걸려서 계속 침대에 누워 있어요.

- 할머니께서 편찮으셔서 계속 침대에 누워 계세요.

5. V-(으)려고 하다

- 가: 방학에 같이 여행할까요?
  나: 미안해요. 이번 방학에는 고향에 가려고 해요.

- 가: 저녁에 뭘 할 거예요?
  나: 친구하고 같이 저녁을 먹으려고 해요.

- 가: 뭘 그렇게 많이 샀어요?
  나: 오늘은 고향 음식을 만들려고 해요.

연습문제

1. '-아/어 보이다'를 사용해 문장을 완성하십시오.

1)
반지가 _____.

2)
승우 씨가 _____.

3)
웨이 씨가 _____.

4)
음식이 _____.

5)
짐이 _____.

6) 이 사람이 _____.

7) 아이가 _____.

8) 신랑, 신부가 _____.

9) 아이가 _____.

10) 철수 씨가 _____.

2. '-지 그래요?, -지 그랬어요?'를 사용해 대화를 완성하십시오.

1) 가: 감기에 걸려서 목이 아파요.
   나: 그럼 빨리 _병원에 가지 그래요?_

2) 가: 다음 주에 시험인데 걱정이에요.
   나: 걱정만 하지 말고 빨리 _____?

3) 가: 서울에 가려고 하는데 기차표가 없어요.
   나: 그럼 _____?

4) 가: 친구들이 모두 고향에 가서 혼자 밥을 먹었어요.
   나: (나한테 전화하다) _____?

5) 가: 다음 주에 부모님 생신이에요. 무슨 선물을 사면 좋을까요?
   나: _____?

6) 가: 친구하고 싸웠는데 기분이 안 좋아요.
   나: OOO 씨가 먼저 _____?

7) 가: 요즘 계속 앉아 있어서 소화가 안 돼요.
   나: 그럼 잠깐이라도 _____?

8) 가: 기숙사에서는 친구하고 같이 살아서 밤늦게까지 공부할 수 없어요.
   나: 그럼 _____?

9) 가: 오늘도 늦게 일어나서 또 지각했어요.
   나: _10분만 일찍 일어나지 그랬어요?_

10) 가: 시험공부를 안 해서 점수가 안 좋아요.
    나: _____?

11) 가: 우산을 안 가지고 나와서 옷이 다 젖었어요.
    나: _____?

12) 가: 어제 늦게 자서 수업 시간에 너무 졸았어요.

　　나: _____?

13) 가: 밥을 조금 먹어서 배가 고파요.

　　나: _____?

3. '-보다'를 사용해 다음 문장을 완성하십시오.

1) (춘천, 서울) → 춘천이 서울보다 공기가 좋아요.

2) (토끼, 거북) → _____.

3) (고향, 춘천) → _____.

4) (기차, 버스) → _____.

5) (산, 바다) → _____.

6) (한국 음식, 고향 음식) → _____.

7) (아침, 저녁) → _____.

8) (고기, 야채) → _____.

9) (주말, 평일) → _____.

10) (영화, 소설) → _____.

11) (집 전화, 휴대전화) → _____.

12) (현재, 과거) → _____.

4. 다음 그림을 보고 '-아/어 있다'로 쓰십시오.

1)  컵에 커피가 들어 있어요.

2)  꽃병이 _____.
꽃이 _____.

3)  선생님은 _____고
학생들은 _____.

4)  세일이에요.
그래서 사람들이 _____.

5) 책이 _____.

6)  기차 문이 _____.

7)  옷가게에 옷이 _____.

8)  사과가 상자에 _____.

9)  식탁에 음식이 _____.

읽기

※ 다음을 읽고 질문에 답하십시오.

웨 이   제시카 씨, 안녕하세요?
제시카 아, 안녕하세요? 웨이 씨, 기분이 좋아 보여요. 무슨 일이 있어요?
웨 이   네, 어제 부모님이 한국에 오셨어요.
제시카 그렇군요! 오랜만에 부모님을 만나면 기분이 정말 좋지요?
웨 이   네, 정말 좋아요. 주말에는 부모님과 같이 여행을 가려고 해요.
제시카 그래요? 어디에 갈 거예요?
웨 이   아직 결정을 못 했어요. 한국 여행지는 어디가 좋아요?
제시카 음, ㉠속초에 가지 그래요? 속초에는 바다도 있고, 산도 있어서 정말 좋아요.
웨 이   그래요? 속초는 멀지 않아요?
제시카 서울에서 속초까지 3시간 쯤 걸려요, 버스를 타고 가면 돼요.
웨 이   그렇군요! 고마워요. 그럼, 부모님이 기다리고 계셔서 먼저 갈게요.
제시카 네, 그래요. 부모님과 함께 좋은 시간 보내세요.

1. 밑줄 친 ㉠과 바꿔 쓸 수 없는 것을 고르십시오.

① 속초에 가게 됐어요.
② 속초에 한번 가 보세요.
③ 속초에 가는 게 어때요?
④ 속초에 가면 좋을 거예요.

2. 다음 중 틀린 것을 고르십시오.

① 속초에는 산과 바다가 있습니다.
② 웨이 씨는 지금 부모님을 만나러 갑니다.
③ 웨이 씨는 오랜만에 부모님을 만났습니다.
④ 웨이 씨와 제시카 씨는 주말에 속초에 갈 겁니다.

※ 다음 대화를 읽고 질문에 답하십시오.

당나귀와 부자

아버지와 아들이 시장에 당나귀를 팔러 가고 있었습니다.

두 사람이 식당 앞을 지나가는데, 식당에 있는 사람들이 부자를 보며 웃었습니다.

"하하하, 여보세요. 왜 당나귀를 타고 가지 않습니까? 한 사람은 당나귀를 ___㉠___"

아버지는 그 이야기를 듣고 아들을 당나귀 위에 태웠습니다. 한참을 가다가 노인정 앞을 지나가는데, 할머니와 할아버지가 아들을 나무랐습니다.

"아버지 ___㉡___ 아들이 건강하니까 아버지가 당나귀를 타야 하지 않겠습니까?"

그 말을 들은 아버지가 당나귀를 탔고, 아들은 다시 걸어갔습니다.

이번에는 아기 엄마를 만났는데, 그 아기 엄마가 "아들이 너무 ___㉢___ 아들도 태워 주세요." 이 말을 들은 아버지는 아들과 함께 당나귀를 타고 갔습니다.

어떤 농부가 부자를 보고 "당나귀가 너무 불쌍해요. 당신들은 아주 나쁜 사람들이군요!"라고 말했습니다. 그러자 아버지와 아들은 당나귀를 들고 가려고 했습니다.

하지만 당나귀는 너무 무거웠고, 그만 다리 밑으로 당나귀가 떨어졌습니다. 부자는 사람들에게 "당나귀가 떨어졌어요. 도와주세요."라고 말했지만, 아무도 도와주지 않았습니다.

1. ㉠에 들어갈 말을 고르십시오.

   ① 탔군요!   ② 탔습니까?
   ③ 타지 그래요?   ④ 타면 안 돼요.

2. ㉡에 들어갈 말을 고르십시오.

   ① 부터   ② 보다
   ③ 와/과   ④ (이)나

3. ㉢에 들어갈 말을 고르십시오.

   ① 쉬고 있어요.
   ② 앉아 있어요.
   ③ 힘들어 보여요.
   ④ 걸으려고 해요.

4. 다음 중 <u>틀린 것</u>을 고르십시오.

   ① 아버지와 아들은 시장에 못 갔습니다.
   ② 아버지는 다른 사람의 말을 잘 듣습니다.
   ③ 아버지와 아들은 당나귀를 팔려고 했습니다.
   ④ 아버지는 아들을 당나귀에 태우지 않았습니다.

쓰기

1. 우리 반 친구들 중 5명의 이름을 쓰고 '-아/어 보이다'로 표현해 보십시오.

이름	"○○○ 씨가 ＿＿＿＿＿ -아/어 보여요."

2. 어디에 여행을 가고 싶어요? 그곳이 어때 보여요? 언제 가려고 해요?
'-아/어 보이다, -아/어 있다, -(으)려고 하다'를 사용해 쓰십시오.

8과 이제 한국 생활이 익숙해졌어요

기본 대화문

웨 이: 마흐멧 씨는 한국에 언제 왔어요?

마흐멧: 한국에 온 지 두 달이 됐어요. 시간이 정말 빨리 지나갔어요.

　　　　웨이 씨는요?

웨 이: 저는 작년 가을에 왔으니까 벌써 한국에 온 지 6개월이 됐어요.

　　　　요즘 한국 생활은 어때요?

마흐멧: 처음에는 힘들었는데 이제 많이 익숙해졌어요.

웨 이: 그래요? 처음에 뭐가 제일 힘들었어요?

마흐멧: 한국 음식이 제 입에 안 맞아서 음식을 잘 못 먹었어요.

　　　　그래서 한국 음식 대신 빵집에서 빵만 사 먹었어요.

웨 이: 정말요? 지금도 그래요?

마흐멧: 아니에요. 이제는 김치도 좋아하게 되고 매운 음식도 잘 먹게 되었어요.

웨 이: 처음에 저도 그랬어요. 제가 맛있는 한식집을 아는데 같이 갈까요?

마흐멧: 네, 좋아요. 다음에 꼭 같이 가요.

어휘와 표현

- ✓ 지나가다
- ✓ 벌써
- ✓ 요즘
- ✓ 힘들다
- ✓ 익숙하다
- ✓ 입에 맞다 ⇔ 입에 안 맞다
- ✓ 빵집
- ✓ 한식집
- ✓ 꼭

이해하기

1. 마흐멧 씨는 처음에 무엇 때문에 한국 생활이 힘들었습니까?
2. 마흐멧 씨는 아직도 한국 음식을 잘 못 먹습니까?
3. 웨이 씨와 마흐멧 씨는 다음에 어디에 같이 가려고 합니까?

문법

1. A-아지다/어지다

- 가: 어제 사과를 샀는데 너무 비싸요.
  나: 네, 요즘 과일값이 비싸졌어요.

- 가: 한국어 공부는 어때요?
  나: 요즘은 한국어 공부가 재미있어졌어요.

- 가: 오늘은 날씨가 추워요.
  나: 네, 갑자기 날씨가 추워졌어요.

2. V-게 되다

- 가: 어떻게 그 노래를 알게 되었어요?
  나: 인터넷에서 보고 알게 되었어요.

- 가: 요리하는 것을 좋아하세요?
  나: 혼자 사니까 요리를 하게 되었어요.

3. V-는 대신(에), N 대신(에)

- 가: 이번 생일 파티 음식도 직접 해요?
  나: 이번에는 시간이 없어서 만드는 대신 주문하기로 했어요.

- 가: 연극표가 생각보다 비싸네요.
  나: 그럼 우리 연극 보는 대신 영화 봐요.

- 가: 친구한테 이메일 보냈어요?
  나: 바빠서 이메일 대신 문자 메시지로 보냈어요.

4. V-(으)ㄴ 지 N이/가 되다

- 가: 수영을 배운 지 얼마나 됐어요?
  나: 수영을 배운 지 1년이 됐어요.

- 가: 밥 먹은 지 얼마나 됐어요? 배 안고파요?
  나: 마침 잘 됐어요. 밥 먹으러 가요. 저도 배가 고팠어요.

- 가: 고등학교를 졸업한 지 얼마나 됐어요?
  나: 고등학교를 졸업한 지 벌써 3년이 됐어요.

- 가: 기숙사에서 산 지 얼마나 됐어요?
  나: 기숙사에서 산 지 2년이 됐어요.

연습문제

1. '-아지다/어지다'를 사용해서 문장을 완성하십시오.

1) 쉬는 시간이 되면 교실이 _____.

2) 한국에 온 지 오래 되어서 한국 생활이 _____.

3) 쓰기 연습을 열심히 해서 쓰기 실력이 _____.

4) 두 달 동안 운동을 해서 몸이 _____.

5) 봄이 되니까 이제 날씨가 _____.

6) 방학이 되니까 학교가 _____.

7) 점심시간이 되니까 식당에 손님들이 _____.

8) 대학생이 되니까 읽을 책이 _____.

9) 학교를 졸업하고 회사에 들어가면 _____.

10) 외국에서 공부하면 외국인 친구가 _____.

2. '-게 되다'를 사용해서 문장을 완성하십시오.

1) 책을 많이 읽으면 단어를 많이 _____.

2) 여행을 하면 많은 것을 _____.

3) 처음에는 수업을 잘 이해할 수 없었는데 지금은 _____.

4) 노래를 듣고 부르는 것을 좋아해서 노래 동아리에 _____.

5) 커피 마시는 것이 습관이 되어서 매일 _____.

6) 가: 어떻게 한국어를 배우게 되었어요?

   나: _____.

7) 가: 그 친구를 처음에 어떻게 만났어요?

　　나: _____.

8) 가: 춤추는 것을 언제부터 좋아했어요?

　　나: _____.

9) 가: 노래를 참 잘하세요.

　　나: _____.

3. '-는 대신(에), -대신(에)'를 사용해서 문장을 완성하십시오.

1) 다이어트를 해서 저녁에는 밥 (　　　) 과일만 먹었어요.

2) 빨간색 볼펜이 없어서 빨간색 (　　　) 파란색 볼펜으로 썼어요.

3) 휴대전화를 집에 두고 와서 내 휴대전화 (　　　) 친구 휴대전화로 걸었어요.

4) 운동할 시간이 없으니까 엘리베이터 (　　　) 계단을 이용해요.

5) 요즘 어머니가 아프셔서 어머니 (　　　) 제가 청소를 해요.

4. '-는 대신(에), -대신(에)'를 사용해서 질문에 대답하십시오.

1) 가: 왜 바나나를 사 왔어요?

　　나: _____.

2) 가: 주말에 비가 오는데 축구를 할 수 있을까요?

　　나: _____.

3) 가: 이 노트북은 비싸 보이는데 살 거예요?

　　나: _____.

4) 가: 지금 현금이 없는데 어떻게 해요?

　　나: _____.

5) 가: 다음 주가 시험인데 아르바이트 갈 거예요?

   나: _____.

5. '-(으)ㄴ 지 N이/가 되다'를 사용해서 대화를 완성하십시오.

1) 가: (그림, 그리다) 그림을 그린 지 얼마나 되었어요?

   나: 3년이 되었어요.

2) 가: (여자 친구, 만나다) _____?

   나: _____.

3) 가: (안경, 쓰다) _____?

   나: 오래 되었어요.

4) 가: (혼자, 살다) _____?

   나: _____.

5) 가: (학교, 생기다) _____?

   나: _____.

6) 가: (여름방학, 하다) _____?

   나: _____.

7) 가: (영화, 시작하다) _____?

   나: _____.

8) 가: (대학교, 입학하다) _____?

   나: _____.

9) 가: (회사, 들어가다) _____?

   나: _____.

읽기

※ 다음을 읽고 질문에 답하십시오.

> 오늘은 수업이 끝나고 친구들과 같이 한식당에 가서 점심을 먹었습니다. 그 식당은 비빔밥이 아주 맛있고 값도 쌉니다. 그래서 우리는 비빔밥을 먹으러 자주 갑니다. 처음에는 비빔밥 고추장이 매워서 못 먹었지만 지금은 잘 (㉠).
> 점심을 다 먹고 우리는 학교로 다시 왔습니다. 친구들은 오후에 수업에 들어가고 저는 책을 빌리러 도서관에 갔습니다. 다음 주 수요일까지 과제를 내야 해서 이번 주말에는 열심히 과제를 할 겁니다.
> 도서관에서 책을 빌린 후에 기숙사로 가는 길에 운동장에서 축구를 하는 학생들을 봤습니다. 이번 주는 지난주보다 날씨가 (㉡) 운동장에서 운동을 하는 학생들이 많아졌습니다. 과제가 끝나면 저도 다시 운동을 시작해야겠습니다.
> 기숙사에 돌아와서 조금 쉰 후에 룸메이트와 같이 저녁을 먹었습니다.

1. 이 글의 내용과 같은 것을 고르십시오.

① 이 사람은 비빔밥을 못 먹습니다.
② 다음 주까지 해야 할 과제가 있습니다.
③ 오늘 저녁에는 운동을 하러 갈 겁니다.
④ 점심을 먹은 후에 친구들과 같이 도서관에 갔습니다.

2. (㉠)과 (㉡)에 들어갈 알맞은 말을 쓰십시오.

㉠ _____   ㉡ _____

3. 이 사람의 오늘 한 일의 순서로 맞는 것을 고르십시오.

① 한식당 → 도서관 → 운동장 → 기숙사
② 학생식당 → 운동장 → 도서관 → 기숙사
③ 한식당 → 운동장 → 기숙사 → 도서관
④ 학생식당 → 도서관 → 기숙사 → 운동장

※ 다음을 읽고 질문에 답하십시오.

> 제시카 수진 씨, 안녕하세요? 오랜만이에요. 그동안 잘 지냈어요?
> 수 진 와, 제시카 씨. 정말 오랜만이네요. 시간 괜찮으면 커피 마시러 갈래요?
> 제시카 네, 좋아요.
> 수 진 (카페에 앉아서) 요즘 어떻게 지내요? 제시카 씨.
> 제시카 좀 바빠요. 다음 주 댄스 공연이 있어서 매일 연습해야 하거든요.
> 수 진 아, 그래요? (가) _____?
> 제시카 그럼요. 보러 오세요. 공연은 다음 주 금요일 오후 5시예요.
> 수 진 네, 꼭 갈게요. 그런데 제시카 씨 그동안 한국말 실력이 많이 (㉠).
> 제시카 정말요? 한국인 친구와 이야기를 많이 했거든요.
> 수 진 맞아요. 한국말을 잘하고 싶으면 한국 사람과 많이 이야기해야 해요. 제시카 씨는 (㉡) 얼마나 됐지요?
> 제시카 벌써 열 달이나 됐어요. 시간이 정말 빨라요.
> 수 진 네, 정말 그래요. 그런데 캐나다에는 언제 돌아가요?
> 제시카 두 달 후에요.
> 수 진 그렇군요. 돌아가기 전에 우리 한 번 더 만나요.
> 제시카 그럼요, 꼭 만나야지요.

1. 이 글의 내용과 같은 것을 고르십시오.

   ① 제시카 씨는 다음 주에 공연이 있어서 바쁩니다.
   ② 제시카 씨는 전보다 한국어를 잘하게 되었습니다.
   ③ 제시카 씨는 캐나다에 2개월 후에 돌아갈 것입니다.
   ④ 제시카 씨는 수진 씨와 다시 만나지 않으려고 합니다.

2. 밑줄 (가)에 들어갈 알맞은 문장을 쓰십시오.

   (가) _____?

3. (㉠)과 (㉡)에 들어갈 알맞은 말을 쓰십시오.

   ㉠ _____   ㉡ _____

쓰기

1. 한국에 온 지 얼마나 되었습니까? 한국에 와서 무엇이 변했습니까? 다음의 문형을 사용해서 '한국에 오기 전과 한국에 온 후의 생활'에 대해서 쓰십시오.

한국에 오기 전	
한국에 온 후	

V-(으)ㄴ 지 N이/가 되다　　　　A-아지다/어지다
V-게 되다　　　　　　　　　　V-는 대신(에), N 대신(에)

한국에 오기 전과 한국에 온 후의 생활

9과 축제 때 고향 음식을 만들기로 했어요

기본 대화문

웨 이   승우 씨, 중간시험은 잘 봤어요?

승 우   네, 공부한 게 시험에 많이 나와서 잘 본 것 같아요. 웨이 씨는요?

웨 이   저는 별로 못 봤어요. 다음 시험은 꼭 잘 볼 거예요.

그런데 다음 주가 축제지요?

승 우   네, 벌써 축제 기간이에요. 웨이 씨는 축제 때 뭘 해요?

웨 이   여러 나라 친구들이 모여서 각자 고향 음식을 만들려고 해요.

그래서 이번 주말에 음식 재료를 사러 마트에 가기로 했어요.

승 우   여러 나라 음식을 만들어 팔면 인기가 많을 거 같아요.

웨 이   그럴까요? 그러면 정말 좋겠어요. 승우 씨는 축제 때 뭘 할 거예요?

승 우   저는 동아리에서 봉사활동을 한 사진을 전시하고 모금을 하기로

했어요. 웨이 씨도 한번 구경 오세요.

웨 이   네, 갈게요. 내가 우리 나라 음식을 맛있게 만들어 줄 테니까

승우 씨도 꼭 오세요.

어휘와 표현

- ✓ 별로
- ✓ 벌써
- ✓ 축제
- ✓ 모이다
- ✓ 각자
- ✓ 인기가 있다/ 많다
- ✓ 재료
- ✓ 봉사활동
- ✓ 전시(하다)
- ✓ 전시회
- ✓ 모금
- ✓ 구경(하다)

이해하기

1. 언제 축제를 합니까?
2. 웨이 씨는 축제 때 무엇을 합니까?
3. 승우 씨는 축제 때 무엇을 합니까?

문법

1. V-기로 하다

- 아침에 일찍 일어나기로 했어요.
- 주말까지 이 책을 다 읽기로 했어요.
- 가: 방학에 뭘 할 거예요?
  나: 방학에는 친구들과 함께 바다에 가기로 했어요.

2. A-게

- 선생님 글씨가 잘 안 보여요. 글씨를 크게 써 주세요.
- 쉽게 가르쳐 주셔서 잘 이해했어요.
- 가: 머리를 어떻게 해 드릴까요?
  나: 짧게 잘라 주세요.

3. V/A-(으)ㄹ 테니까

- 퇴근 시간이라 길이 막힐 테니까 지하철을 타세요.
- 주말에는 사람이 많을 테니까 예매하세요.
- 이번 주는 시험 때문에 바쁠 테니까 다음 주에 만나요.
- 내가 밥을 살 테니까 마이클 씨가 커피를 사 주세요.
- 내가 도와 줄 테니까 너무 걱정하지 마세요.
- 다시 한 번 읽을 테니까 잘 듣고 쓰세요.

4. V-(으)면, N(이)면

- 복권에 당첨되면 세계여행을 갈 거예요.
- 시간이 많으면 악기를 배우고 싶어요.
- 지금이 방학이면 좋겠어요.

연습문제

1. '-기로 하다'를 사용해 대답하십시오.

1) 가: 언제 웨이 씨하고 등산을 가요?
   나: 이번 주말에 웨이 씨와 등산을 가기로 했어요.

2) 가: 수업이 끝나고 뭐 할 거예요?
   나: 친구들하고 _____.

3) 가: MT를 어디로 가요?
   나: _____.

4) 가: 방학을 하면 뭐 할 거예요?
   나: _____.

5) 가: 오늘 저녁에 뭐 할 거예요?
   나: _____.

6) 가: 시험공부를 언제 할 거예요?
   나: _____.

2. 다음은 승우 씨의 다음 주 계획표입니다. 다음과 같이 쓰십시오.

월	화	수	목	금	토	일
오후 3시/ 마이클/ 명동/ 쇼핑	저녁 6시/ 과 친구들/ 저녁식사	오후 4시/ 웨이/ 도서관/ 자료 찾기	저녁 8시/ 학교 운동장/ 운동	저녁 7시/ 룸메이트/ 청소	오전 9시/ 과 친구들/ 봉사활동	오후 1시/ 웨이/ 영화보기

일요일 오후 1시에 웨이 씨와 영화보기로 했습니다.

3. 알맞은 단어를 골라서 '-게'를 사용해 문장을 완성하십시오.

> 맛있다   크다   따뜻하다   편하다   신나다   싸다   깨끗하다

1) 주문하신 음식이 나왔습니다. _____ 드세요.

2) 지난 방학에 친구들과 여행을 다녀왔습니다. _____ 놀았습니다.

3) 내일부터 날씨가 추워질 거예요. 옷을 _____ 입으세요.

4) 이번 주는 백화점 세일 기간이에요. 옷과 구두를 _____ 팔고 있어요.

5) 집에 돌아오면 손발을 _____ 씻어야 해요.

6) 우리 선생님은 수업 시간에 _____ 말씀하십니다. 가끔 귀가 아픕니다.

7) 택시를 타면 요금은 비싸지만 빠르고 _____ 올 수 있어요.

4. '-게'를 사용해 다음 대화를 완성하십시오.

1) 가: 그동안 잘 지냈어요?
   나: 네, 즐겁게 지냈어요.

2) 가: 머리를 어떻게 해 드릴까요?
   나: 머리가 길어서 더워요. _____.

3) 가: 그 사람이 어떻게 생겼어요?
   나: _____.

4) 가: 주문하신 음식이 나왔습니다. _____.
   나: 감사합니다. 잘 먹겠습니다.

5) 가: 무슨 음식을 맛있게 만들 수 있어요?
   나: _____.

6) 가: 어디에 가면 물건을 싸게 살 수 있어요?

   나: _____.

5. '-(으)ㄹ 테니까'를 사용해 문장을 완성하십시오.

1) 사과는 비쌀 거예요. 바나나를 사세요.

   ➡ 사과는 비쌀 테니까 바나나를 사세요.

2) 친구들이 집에 올 거예요. 같이 음식을 만들어요.

   ➡ _____.

3) 지하철이 더 빠를 거예요. 지하철을 타세요.

   ➡ _____.

4) _____ 국내 여행을 가세요.

5) _____ 지하철을 타세요.

6) _____ 오후에 산책을 해요.

7) 곧 영화가 시작할 테니까 _____.

8) 제시카 씨는 매운 음식을 못 먹을 테니까 _____.

9) 할아버지께서 주무실 테니까 _____.

6. '-(으)ㄹ 테니까'를 사용해 문장을 완성하십시오.

1) 제가 밥을 살게요. 웨이 씨는 커피를 사세요.
   ➡ 수업이 끝나고 시간이 있으면 도서관에 갈 거예요.

2) 수업이 끝나면 전화할게요. 학교 앞에서 만나요.
   ➡ _____.

3) 제가 설거지를 할게요. 마이클 씨는 청소를 해 주세요.
   ➡ _____.

4) 음식 재료를 사 올게요. 같이 음식을 만들어요.
   ➡ _____.

7. 다음과 같은 상황에서 어떻게 할 겁니까? 문장을 완성하십시오.

1) 숙제를 모르면 친구에게 물어볼 거예요.

2) 우산이 없는데 비가 오면 _____.

3) 피곤하면 _____.

4) 이번 주말에 친구를 만나면 _____.

5) 좋아하는 사람을 만나면 _____.

6) 돈이 많으면 _____.

7) 한국어를 잘하면 _____.

8) 눈이 오면 _____.

9) 친구와 싸우면 _____.

9과 축제 때 고향 음식을 만들기로 했어요

8. 어떤 상황에서 다음과 같이 하겠습니까?
'-(으)면, -(이)면'을 사용해 문장을 완성하십시오.

1) 비가 오면 _____ 친구를 안 만날 거예요.
2) _____ 해외여행을 할 거예요.
3) _____ 잠을 잘 거예요.
4) _____ 기분이 나쁠 거예요.
5) _____ 한국 요리를 배울 거예요.
6) _____ 부모님께서 좋아하실 거예요.
7) _____ 잠을 못 잘 거예요.
8) _____ 고향으로 돌아갈 거예요.
9) _____ 모델이 될 거예요.

읽기

※ 다음을 읽고 질문에 답하십시오.

지 훈　제시카 씨, 한국의 대학교 축제가 어때요?
제시카　나는 한국의 대학교 축제가 처음이라서 너무 신기하고 재미있네요.
지 훈　그렇지요? 저도 대학교 축제가 활기차서 좋아요. 재미있게 놀아요.
　　　 우리 저녁에 웨이 씨에게 가기로 했지요? 지금 갑시다.
제시카　네, 웨이 씨의 요리가 정말 기대가 돼요.
지 훈　저도요.

(웨이 씨의 주점)

웨 이　어서 오세요. 이렇게 와 줘서 고마워요.
제시카　웨이 씨, 손님이 많네요. 바빠 보여요.
웨 이　네, 손님이 많아서 정신이 없어요. 제시카 씨와 지훈 씨는 무엇을
　　　 드시겠어요?
지 훈　저는 매콤한 것을 좋아하니까 '마라탕'을 주세요.
제시카　저는 매운 것을 못 먹어요. 뭐가 맛있어요?
웨 이　그럼 제시카 씨는 '꿔바로우'를 드세요.
지 훈　웨이 씨, 맛있게 만들어 주세요.
웨 이　맛있게 만들 테니까 많이 드세요.
제시카　네, ㉠_____ 내일 다른 친구와 또 올게요.

1. 다음을 읽고 맞는 것에 ○, 틀린 것에 X 하십시오.

1) 제시카 씨는 한국 대학의 축제를 처음 봅니다.　　　　(　　)
2) 지훈 씨와 제시카 씨는 웨이 씨를 보기로 했습니다.　　(　　)
3) 웨이 씨는 축제 때 공연을 할 겁니다.　　　　　　　　(　　)
4) 지훈 씨와 제시카 씨는 중국 음식을 먹을 겁니다.　　　(　　)
5) 제시카 씨는 마라탕을 좋아합니다.　　　　　　　　　(　　)
6) 웨이 씨는 지금 바쁩니다.　　　　　　　　　　　　　(　　)

2. ㉠에 적당한 말을 쓰십시오.

※ 다음 글을 읽고 질문에 답하십시오.

> 다음 주는 우리 학교 축제입니다. 대학에 와서 처음으로 하는 축제입니다. 축제 때는 학생들이 공연도 볼 수 있고, 게임도 하고, 맛있는 음식도 먹을 수 있습니다. 저는 우리 과 친구들과 함께 고향 음식을 만들기로 했습니다.
> 저희 과에는 중국 사람, 몽골 사람, 미국 사람, 일본 사람이 있습니다. (㉠) 축제 때 우리 과에 오면 여러 나라의 다양한 음식을 맛볼 수 있습니다. 저는 중국 음식 중에서 '꿔바로우'와 '마라탕'을 만들 겁니다. '꿔바로우'는 한국의 탕수육과 비슷합니다. 그리고 '마라탕'은 매콤한 국물에 여러 채소와 면, 어묵을 넣어서 만드는 음식입니다. (㉡) 만드는 방법을 몰라서 어머니에게 여쭤봤습니다. 어머니께 배운 대로 맛있게 만들면 좋겠습니다. 그리고 제가 만든 음식을 사람들이 좋아하면 좋겠습니다.

1. 다음을 읽고 맞는 것에 ○, 틀린 것에 X 하십시오.

1) 이번 주말에 학교 축제를 합니다. (   )
2) 이 사람은 축제에 자주 참석했습니다. (   )
3) 이 사람은 축제 때 친구들과 음식을 만들기로 했습니다. (   )
4) '꿔바로우'는 매콤한 맛입니다. (   )
5) 이 사람은 '꿔바로우'와 '마라탕'을 만들 줄 몰랐습니다. (   )

2. (㉠)과 (㉡)에 적당한 말을 쓰십시오.

㉠ _____   ㉡ _____

3. 축제 때 학생들이 무엇을 할 수 있습니까? 모두 쓰십시오.

_____

_____

쓰기

1. 여러분은 무엇이 되고 싶습니까? 아래의 내용을 써 보십시오.

1) _____ 을/를 하려면 무엇을 해야 합니까?

2) _____ 이/가 되면 무엇을 하겠습니까?

10과 드라마를 보다가 울어 버렸어요

기본 대화문

제시카: 웨이 씨, 어제 '대장금' 봤어요?

웨 이: 네, 봤어요. 한상궁이 죽어서 너무 슬펐어요.

제시카: 그렇지요? 저는 그 장면을 보다가 너무 슬퍼서 울어 버렸어요.

웨 이: 가족 같은 사람이 죽으면 정말 슬플 것 같아요.

제시카: 맞아요. 그리고 한국 드라마는 주인공 친구나 가족이 다치고 죽는 일이 너무 많지 않아요?

웨 이: 정말 그래요. 저는 한국 드라마를 두 편밖에 안 봤지만, 주인공 주변 사람들은 모두 다치거나 죽었어요.

제시카: 왜 그럴까요?

웨 이: 음, 한국 사람들은 가족과 친구들을 소중하게 생각하기 때문에 그렇지 않을까요?

제시카: 아, 그렇군요! 우리 인터넷으로 드라마 후기를 찾아볼까요?

웨 이: 네, 좋아요. 하지만 저는 한국어로 인터넷 검색을 할 줄 몰라요. 제시카 씨가 가르쳐 주세요.

제시카: 네, 조금만 배우면 할 수 있어요. 제 방으로 같이 가요.

어휘와 표현

- ✓ 편
- ✓ 후기
- ✓ 장면
- ✓ 주인공
- ✓ 드라마
- ✓ 다치다
- ✓ 소중하다
- ✓ 죽다
- ✓ 검색하다

이해하기

1. 두 사람은 무슨 이야기를 합니까?
2. 두 사람은 인터넷으로 무엇을 찾아 볼 겁니까?
3. 두 사람은 이야기가 끝나고 어디에 갈 겁니까?

문법

1. V-다가

- 학교에 가다가 친구를 만났어요.
- 밥을 먹다가 전화를 받았어요.
- 가: 숙제 다 했어요?
  나: 아니요, 어제 숙제를 하다가 잠이 들었어요.

2. V-아/어 버리다

- 오늘도 늦잠을 자 버렸어요.
- 동생이 내 과자를 먹어 버렸어요.
- 용돈을 다 써 버렸어요.

3. N밖에

- 가: 중국요리 잘해요?
  나: 저는 한국 요리밖에 못 해요.
- 고향 친구가 한 명밖에 없어서 심심해요.
- 가: 외국어 잘해요?
  나: 저는 한국어밖에 몰라요.

4. V-(으)ㄹ 줄 알다/모르다

- 가: 자전거를 탈 줄 알아요?
  나: 네 탈 줄 알아요.
- 제 동생은 한글을 읽을 줄 알아요.
- 가: 수영할 줄 알아요?
  나: 아니요, 이번 학기에는 꼭 배워야겠어요.
- 가: 김치 만들 줄 알아요?
  나: 아니요, 김치를 만들 줄 몰라요.

5. V-(으)ㄹ 수 있다/없다

- 가: 주말에 우리집에 올 수 있어요?
  나: 약속이 있어서 못 가요.
- 가: 매운 음식도 먹을 수 있어요?
  나: 처음에 못 먹었는데 지금은 먹을 수 있어요.
- 가: 운전할 수 있어요?
  나: 아니요, 지금은 술을 마셔서 안 돼요.

연습문제

1. '-다가'를 사용해서 문장을 완성하십시오.

1) 학교에 가다.　　　　　•　　　• 잠들어서 시험을 망쳤어요.
2) 시험공부를 하다.　　•　　　• 미끄러져서 다리를 다쳤어요.
3) 잠을 자다.　　　　　•　　　• 친구를 만나서 같이 학교에 갔어요.
4) 버스를 기다리다.　　•　　　• 무서운 꿈을 꿔서 일어났어요.
5) 영화를 보다.　　　　•　　　• 너무 슬퍼서 울어 버렸어요.
6) 눈길에 등산을 하다. •　　　• 버스가 안 와서 택시를 탔어요.

1) 학교에 가**다가** 친구를 만나서 같이 학교에 갔어요.
2) _____ .
3) _____ .
4) _____ .
5) _____ .
6) _____ .

2. '-아/어 버리다'를 사용해 대화를 완성하십시오.

1) 가: 어제 드라마 '대장금' 봤어요?
   나: 네, 너무 슬퍼서 보다가 울어 버렸어요.

2) 가: 시험공부 많이 했어요?
   나: 아니요. 공부하다가 깜박 _____ .

3) 가: 요즘 남자 친구하고 잘 지내고 있어요?
   나: 아니요. 저하고 너무 안 맞아서 _____ .

4) 가: 어디 아파요? 얼굴이 안 좋아 보여요.

　　나: 날씨가 추운데 운동을 하다가 _____.

5) 가: 미안해요. 설거지를 하다가 컵을 _____.

　　나: 다치지 않았어요? 컵은 다시 사면 돼요. 괜찮아요.

6) 가: 마이클 씨, 돈 좀 빌려 줄 수 있어요?

　　나: 미안해요. 저도 이번 달 용돈을 다 _____.

7) 가: 요즘 다이어트 잘 하고 있어요?

　　나: 아니요. 어제 밤에도 너무 배가 고파서 라면을 _____.

3. '-밖에'를 사용해 대화를 완성하십시오.

1) 가: 미안한데, 3천원만 빌려 줄 수 있어요?

　　나: 미안해요. **저도 지금 천 원밖에 없어요.**

2) 가: 외국어를 몇 개 할 수 있어요?

　　나: _____.

3) 가: 해외여행을 많이 가 봤어요?

　　나: _____.

4) 가: 웨이 씨는 언니나 오빠가 있어요?

　　나: 아니요. _____.

5) 가: 승우 씨, 오늘 많이 피곤해 보여요.

　　나: 어제 잠을 _____.

6) 가: 한국 음식을 많이 먹어 봤어요?

　　나: 아니요. 아직 _____.

4. '-(으)ㄹ 줄 알다/모르다'를 사용해 빈 칸에 알맞은 말을 쓰십시오.

1) 가: 제시카 씨는 수영 잘해요?

   나: 아니요. 저는 수영을 할 줄 몰라요.

2) 가: 이번 주말에 같이 스키 타러 갈까요?

   나: 아니요. _____.

3) 가: 마흐멧 씨, 영어 좀 가르쳐 주세요.

   나: _____.

4) 가: 웨이 씨, 피아노 잘 쳐요?

   나: _____.

5) 가: 마이클 씨는 무슨 요리를 할 수 있어요?

   나: _____.

6) 가: 승우 씨가 이 김치를 만들었어요?

   나: _____. 이 김치는 마트에서 산 거예요.

읽기

※ 다음 대화를 읽고 질문에 답하십시오.

> 승　우　마흐멧 씨, 어디에 가요?
> 마흐멧　아, 승우 씨, 저는 지금 여행사에 비행기 표를 예매하러 가요.
> 승　우　인터넷으로 예매하지 그래요? 인터넷으로 예매하면 편해요.
> 마흐멧　저는 인터넷으로 ㉠예매할 줄 몰라요. 오전에 인터넷으로 예매하다가 너무 어려워서 포기해 버렸어요.
> 승　우　저도 한 번밖에 안 해 봤지만 많이 어렵지 않아요. 제가 가르쳐 줄게요.
> 마흐멧　정말 고마워요. 제가 맛있는 저녁을 살게요.
> 승　우　좋아요. 같이 제 기숙사 방으로 가요.

1. 밑줄 친 ㉠과 바꿔 쓸 수 있는 것을 고르십시오.

① 예매하기 좋아요.

② 예매할 수 없어요.

③ 예매밖에 못 해요.

④ 예매를 하려고 해요.

2. 다음 중 틀린 것을 고르십시오.

① 승우 씨는 인터넷 예매를 해 봤습니다.

② 승우 씨는 인터넷 예매를 할 줄 압니다.

③ 마흐멧 씨는 비행기 표 대신 저녁을 예약할 겁니다.

④ 마흐멧 씨는 오전에 비행기 표를 예매하지 못했습니다.

※ 다음 대화를 읽고 질문에 답하십시오.

> 제시카 웨이 씨, 스키 탈 줄 알아요?
> 웨 이 아니요. ㉠한 번밖에 안 타 봐서 잘 탈 수 없어요.
> 제시카 그럼 우리 같이 스키를 배울까요? 인터넷을 하다가 스키 교실 광고를 봤어요.
> 웨 이 그래요? 어디에서 배워요? 근처에는 스키장이 없는데요.
> 제시카 강원도 홍천 스키장에서 10일부터 25일까지 배워요.
> 웨 이 아, 저는 그때 고향에 가야 해요. 비행기 표를 이미 예약해 버렸어요.
> 제시카 그렇군요! 그럼 제가 먼저 스키를 배우고 웨이 씨에게 가르쳐 줄게요.
> 웨 이 네, 그래요. 잘 배우고 오세요.
> 제시카 네, 웨이 씨도 고향에 잘 다녀오세요.

1. 밑줄 친 ㉠과 바꿔 쓸 수 있는 것을 고르십시오.

① 한 번을 못 타서

② 한 번은 타 봐서

③ 한 번만 타 봐서

④ 한 번도 안 타 봐서

2. 다음 중 틀린 것을 고르십시오.

① 제시카 씨는 스키를 탈 수 없습니다.

② 웨이 씨는 10일부터 25일까지 고향에 갈 겁니다.

③ 제시카 씨는 인터넷에서 스키 교실 광고를 봤습니다.

④ 웨이 씨와 제시카 씨는 같이 스키를 배우기로 했습니다.

※ 다음 대화를 읽고 질문에 답하십시오.

이력서				
	성명	문경태	주민등록번호	911010-XXXXXX
	생년월일	1991년 10월 10일 (만 26세)		
주소		서울시 종로구 광화문로 1번지		
연락처	집	02-123-1234	전자우편	
	휴대폰	010-1234-1234		

날짜			자격 사항	발행처
2010	02	14	운전면허증	서울 경찰청
2012	04	10	TOEIC 980점	ETS
2013	03	20	태권도 사범자격증	태권도 협회
2014	06	18	한국어교원자격증	문화부

기간	경력 사항	
2010/12~2011/12	캐나다 OO대학 어학연수	
2012/01~2012/07	OO 편의점 아르바이트	
2014/09~2015/08	OO태권도학원 강사	
2015/08~현재	OO대학교 한국어교육센터 강사	

1. 이 사람은 무엇을 할 줄 압니까?

① _____
② _____
③ _____

2. 다음을 읽고 맞는 것에 ○, 틀린 것에 X 하십시오.

1) 이 사람은 대학생입니다. ( )
2) 이 사람은 한국어밖에 못 합니다. ( )
3) 이 사람은 편의점에서 일한 경험이 있습니다. ( )
4) 이 사람은 캐나다에서 태권도를 가르쳤습니다. ( )
5) 이 사람은 태권도를 가르치다가 지금은 한국어를 가르칩니다. ( )

쓰기

1. 남들과 다른 특별한 능력/기술이 있습니까? 무엇을 할 줄 압니까?
무엇을 할 수 있습니까?

11과 그 책이 꼭 필요해서 그러는데요

기본 대화문

웨이   저, 죄송하지만 말씀 좀 여쭤 볼게요.

직원   네, 말씀하세요.

웨이   '한국인의 생활과 문화'를 빌리려고 하는데 아무리 찾아도 안 보여요.

직원   잠깐만요. 아, 그 책은 지금 대출중인데 반납 예정일이 목요일이네요.

웨이   그러면 목요일에 오면 돼요?

직원   글쎄요. 다른 분이 먼저 빌려 갈 수도 있어요.

웨이   그 책이 꼭 필요해서 그러는데요. 어떻게 하지요?

직원   그럼 예약을 하세요. 예약을 하시면 우선적으로 대출하실 수 있어요. 예약은 도서관 홈페이지에서 하시면 돼요. 그런데 연체된 책이 있으시네요. 먼저 연체된 책을 반납하고 나서 대출하셔야 돼요.

웨이   네, 오늘 중으로 반납할게요.

어휘와 표현

- ✓ 말씀
- ✓ 여쭈다
- ✓ 중
- ✓ 빌리다, 찾다
- ✓ 대출, 반납, 연체
- ✓ 예정, 예약
- ✓ 우선적, 먼저

이해하기

1. 여기는 어디입니까?
2. 웨이는 왜 책을 빌리지 못했습니까?
3. 웨이 씨는 책을 언제 반납할 예정입니까?

문법

1. V-(으)ㄹ게요

- 이 근처에 오면 전화 주세요. 제가 나갈게요.
- 가: 같이 밥 먹으러 가요.
  나: 지금은 배가 안 고프니까 저는 이따 먹을게요.
- 요즘은 시험 때문에 정신이 없으니까 시험 끝나면 전화할게요.

2. V/A-아서/어서 그러는데(요)

- 교실이 추워서 그러는데 창문 좀 닫아 주세요.
- 동전이 없어서 그러는데 100원짜리로 좀 바꿔 주실래요?
- 가: 갑자기 생각이 안 나서 그러는데요. 저 사람 이름이 뭐였지요?
  나: 아! 마이클 씨예요.

3. V-고 나서

- 청소를 하고 나서 빨래를 할 거예요.
- 여기에 동전을 넣고 나서 버튼을 누르면 돼요.
- 책이 재미있으면 내가 읽고 나서 빌려 줄게요.

4. 아무리 V/A-아도/어도 V/A

- 아무리 바빠도 아침은 꼭 먹어야 해요.
- 내 동생은 아무리 먹어도 살이 안 쪄요.
- 공부를 아무리 열심히 해도 성적이 오르지 않아요.

5. V/A-네요

- 가: 여기가 제 방이에요.
  나: 방이 참 깨끗하네요.
- 가: 이 옷, 어제 새로 산 옷인데 어때요?
  나: 비싸 보이네요.
- 가: 이 사진은 초등학교 때 찍은 사진이에요.
  나: 초등학교 때는 키가 컸네요.

연습문제

1. '-(으)ㄹ게요'를 사용해서 대화를 완성하십시오.

1) 가: 연필을 안 가지고 왔어요.
   나: 제가 빌려 줄게요.

2) 가: 내일 이사를 해야 하는데 큰일이에요.
   나: _____.

3) 가: 콘서트 표가 다 팔리면 어떻게 하지요?
   나: _____.

4) 가: 저는 스키를 탈 줄 몰라요.
   나: _____.

5) 가: 메이 씨가 고향에 돌아가면 많이 보고 싶을 거예요.
   나: _____.

6) 가: 30분이 지났는데 마이클이 왜 안 올까요?
   나: _____.

2. '-아서/어서 그러는데'를 사용해서 보기와 같이 문장을 완성하십시오.

1) 돈이 모자라서 그러는데 _____ 천 원만 빌려 주세요.

2) _____ 여기서 잠깐 쉴까요?

3) _____ 다음 주에 만납시다.

4) _____ 에어컨을 켜도 될까요?

5) _____ 다른 옷 좀 보여 주세요.

6) _____ 좀 가르쳐 주세요.

3. '-고 나서'를 사용해서 대답하십시오.

1) 수업 끝나고 뭘 할 거예요? <u>저는 수업 끝나고 나서 도서관에 가려고 해요.</u>

2) 저녁을 먹고 뭘 해요? _____.

3) 고등학교를 졸업하고 고향에서 뭘 했어요? _____.

4) 오늘 수업 끝나고 뭘 할 거예요? _____.

5) 영화 보고 나서 뭘 할까요? _____.

6) 대학교를 졸업하고 뭘 할 거예요? _____.

4. '아무리 -아도/어도'를 사용해서 보기와 같이 쓰십시오.

1) 가: 연습을 많이 하면 피아노를 잘 칠 수 있을 거예요.
   나: <u>아무리 연습해도 피아노 실력이 늘지 않아요.</u>

2) 가: 여러 번 읽으면 이해할 수 있어요.
   나: _____.

3) 가: 저는 힘들면 포기할 거예요.
   나: _____.

4) 가: 날씨가 더우니까 찬 음식만 먹게 돼요.
   나: _____.

5) 가: 저는 화가 나면 동생한테 화풀이를 하는 버릇이 있어요.
   나: _____.

6) 가: 돈이 많으면 정말 행복할 거 같아요.
   나: _____.

5. 다음 상황을 읽고 아래의 문형을 사용해서 대화를 완성하십시오.

> V/A-아서/어서 그러는데 V-고 나서
> 아무리 V/A-아도/어도 V/A-(으)면

상황 1

[엄마의 마음] 자기 전에는 깨끗이 씻어야 해요.
그리고 양치질은 꼭 해야 해요! 그렇지 않으면 충치가 생겨요.

[아들의 마음] 아! 오늘은 너무 피곤해요! 그냥 자고 싶어요.

* * * *

엄마　그냥 자려고 해? 씻고 자.
아들　엄마 오늘은 너무 **피곤해서 그러는데** 그냥 잘게요.
엄마　**아무리 피곤해도** 양치질은 하고 자야지. 양치질을 안 **하면** 충치 생겨.
아들　괜찮아요.
엄마　나중에 충치 **생기고 나서** 후회해도 난 모른다.

상황 2

[영희의 생각] 내일 시험이에요. 그런데 공부를 하나도 안 했어요.
수업이 끝나면 밥을 먹지 말고 바로 도서관에 가야겠어요.

[철수의 생각] 요즘은 다이어트나 일 때문에 끼니를 거르는 사람들이 많아요.
하지만 밥을 굶는 건 건강에 좋지 않아요.

* * * *

철수　영희야, 수업 끝나고 밥 먹으러 가자.
영희　
철수　
영희　
철수

상황 3

[마이클의 마음] 저는 유학 생활이 너무 힘들어요.
　　　　　　　이제는 그만두고 집에 돌아가고 싶어요.

[마흐멧의 마음] 저는 유학 생활이 가끔 힘들지만 포기하고 싶지 않아요.
　　　　　　　한 번 포기하면 다른 일도 계속 포기하게 될 거예요.

* * * *

마흐멧　마이클, 요즘 무슨 일 있어? 얼굴색이 안 좋아 보여.
마이클　_____
마흐멧　_____
마이클　_____
마흐멧　_____

읽기

※ 다음을 읽고 질문에 답하십시오.

〈자료 대출 안내〉

책을 빌리려고 할 때는 먼저 검색용 PC나 도서관 홈페이지에서 대출하고 싶은 자료를 검색하고 청구기호를 확인합니다. 청구기호 대로 직접 자료를 찾은 다음 대출 창구에 학생증과 함께 제출합니다.

대출하려는 자료가 대출중이면 대출 예약을 할 수 있는데 예약은 2권까지 가능합니다. 예약 도서가 반납되면 우선적으로 대출 받을 수 있지만, 만약 2일이 지나면 예약이 취소됩니다. 학부생은 총 10권의 책을 대출할 수 있고 대출기간은 15일입니다.

대출한 책은 대출기간 내에 반납을 해야 하는데 대출기간이 지나면 연체료를 내야 합니다. 연체료는 1일 1권당 100원입니다.

한국인의 심리코드 : 한국인의 마음의 MRI 찍기
자료유형   단행본
개인저자   황상민
서명/저자사항   한국인의 심리코드 : 한국인의 마음의 MRI 찍기 / 황상민 지음

소장정보

No.	등록번호	청구기호	소장처	도서상태	반납예정일	예약
1	592103	155.8951 황51ㅎ	(5층)인문/예술학자료실/	대출가능		
2	592104	155.8951 황51ㅎ c.2	(5층)인문/예술학자료실/	대출가능		
3	684576	155.8951 황51ㅎ c.3	(5층)인문/예술학자료실/	대출가능		

1. 이 글은 무엇에 대한 내용입니까?

① 책을 빌리는 방법　　② 휴일에 책을 반납하는 법
③ 도서관 홈페이지 사용법　　④ 읽고 싶은 책을 신청하는 방법

2. 이 글을 읽고 알 수 없는 내용은 무엇입니까?

① 책을 빌릴 때 필요한 것
② 책을 연체했을 때 내야 할 벌금
③ 학부생이 책을 대출할 수 있는 기간
④ 대학원생이 빌릴 수 있는 책의 권 수

※ 다음을 읽고 질문에 답하십시오.

<여기가 도서관이에요? 카페예요?>

웨 이 카페에 학생이 왜 이렇게 많아요?
마이클 요즘은 이렇게 카페에서 공부하는 사람들이 많아요.
       친구들하고 같이 토론도 할 수 있고 배가 고프면 음식을 먹으면서
       공부를 할 수도 있어서요. 게다가 시험기간에는 24시간 운영을 해요.
웨 이 그런데 조금 시끄럽네요. 공부에 방해가 될 거 같은데요.
마이클 아니에요. 적당한 소음은 오히려 공부에 도움이 돼요.
       과학자들도 그렇게 말하고 있어요. 도서관에서는 (㉠)
       금방 들리지만 여기에서는 별로 신경이 쓰이지 않아요.
웨 이 신기하네요. 지금까지는 공부는 조용한 곳에서 하는 게 제일 좋은 줄
       알았는데.
마이클 우리 차 마셔야지요. 웨이 씨는 뭐 마시겠어요? 제가 주문할게요.

1. (㉠)에 들어갈 말을 고르십시오.

① 아무리 큰 소리로 이야기를 해도

② 아무리 정확하게 이야기를 해도

③ 아무리 작은 소리로 이야기를 해도

④ 아무리 시끄럽게 이야기를 해도

2. 이 글의 내용과 다른 것을 고르십시오.

① 웨이 씨는 카페에 학생들이 많아서 놀랐다.

② 최근에는 카페에서 공부하는 사람이 많아졌다.

③ 학교 시험기간에는 카페가 하루 종일 문을 연다.

④ 도서관에 자리가 없어서 카페로 오는 학생들이 많다.

쓰기

1. 여러분은 어렵고 힘든 일에 도전한 경험이 있습니까? 그 일은 어떤 일이었습니까? 그 일을 경험하고 나서 어떤 변화가 있었습니까? 아래의 문형을 사용해 쓰십시오.

> 아무리 V/A-아도/어도 V/A　　A-아지다/어지다
> V-고 나서　　　　　　　　　V-게 되다

12과 혼자 여행을 해 본 적이 있어요?

기본 대화문

웨 이   제시카 씨, 기말시험 공부는 잘 하고 있어요?

제시카   아니요. 전공과목이 어려워서 좀 힘들어요. 웨이 씨는요?

웨 이   저도 그래요. 시험만 끝나면 곧 방학이니까 힘내세요.

제시카   웨이 씨는 이번 방학에 어디에 갈 거예요?

웨 이   아직 결정하지 않았지만 부모님께서 허락하시면 혼자 여기저기 여행을 할까 해요.

제시카   혼자 여행을 해 본 적이 있어요?

웨 이   아니요, 아직 혼자 여행을 간 적은 없었어요. 전에는 친구들과 여행을 가거나 가족들과 함께 갔어요. 제시카 씨는 뭘 할 거예요?

제시카   저는 시험이 끝나면 아르바이트를 할까 해요.

웨 이   아르바이트요? 한국에서 아르바이트를 해 본 적이 있어요?

제시카   네, 전에도 커피숍에서 아르바이트를 한 적이 있어요. 아르바이트를 해서 등록금을 내거나 부모님 선물을 살까 해요.

어휘와 표현

✓ 기말시험, 중간시험

✓ 전공과목, 교양과목

✓ 필수 과목, 선택 과목

✓ 방학, 여행

✓ 허락하다, 결정하다, 힘내다, 힘들다

✓ 여기저기

✓ 혼자, 같이

이해하기

1. 두 사람은 기말시험 공부를 잘 하고 있습니까?

2. 웨이 씨의 방학 계획은 무엇입니까?

3. 제시카 씨는 방학에 무엇을 할 겁니까?

문법

1. V-(으)ㄴ 적이 있다/없다

- 가: 서울에서 백화점에 간 적이 있어요?
  나: 아니요, 백화점에 간 적이 없어요.

- 가: 웨이 씨가 만든 음식을 먹은 적이 있어요?
  나: 네, 먹은 적이 있어요. 맛있어요.

- 가: 밤을 새워 공부한 적이 있어요?
  나: 네, 아침까지 잠을 자지 않고 공부한 적이 있어요.

2. V-(으)ㄹ까 하다

- 가: 주말에 뭐 할 거예요?
  나: 서울에 갈까 해요.

- 날씨가 추워서 저녁 때 친구하고 갈비탕을 먹을까 해요.

- 오후 시간에는 한국어능력시험 공부를 할까 해요.

3. V/A-거나

- 가: 친구 만나면 보통 뭘 해요?
  나: 커피를 마시거나 술을 마시면서 이야기해요.

- 점심에는 라면을 먹거나 김밥을 먹읍시다.

- 일요일에는 집에서 청소를 하거나 빨래를 합니다.

- 모양이 예쁘거나 가격이 싼 가방을 살 거예요.

연습문제

1. '-(으)ㄴ 적이 있다/없다'를 사용해 다음 질문에 대답하십시오.

1) 가: 한국 드라마를 본 적이 있어요?
   나: 네, 한국 드라마를 _____.

2) 가: 배가 아파서 병원에 간 적이 있어요?
   나: 아니요, 배가 아파서 _____.

3) 가: 극장에서 혼자 영화를 본 적이 있어요?
   나: _____.

4) 가: 식당에서 혼자 밥을 먹은 적이 있어요?
   나: _____.

5) 가: 고양이를 키워 본 적이 있어요?
   나: _____.

6) 가: 한국인 친구와 이야기한 적이 있어요?
   나: _____.

2. '-(으)ㄹ까 하다'를 사용해 다음 질문에 대답하십시오.

1) 가: 주말에 무엇을 할 거예요?
   나: 특별한 일은 없어요. 집에서 _____. (쉬다)

2) 가: 요즘 무슨 운동을 하세요?
   나: 지금은 운동을 안 하는데, 다음 달부터 밤에 _____.
   (자전거를 타다)

3) 가: 운전을 할 줄 아세요?
   나: 아니요, 방학을 하면 _____. (운전을 배우다)

4) 가: 백화점에 가면 뭘 살 거예요?

　　나: _____.

5) 가: 방학 때 어디로 여행을 갈 거예요?

　　나: _____.

6) 가: 고향에는 언제 갈 거예요?

　　나: _____.

3. '-거나'를 사용해 다음 질문에 대답하십시오.

1) 가: 한국 사람들은 여름에 무엇을 먹어요?

　　나: _____.(냉면을 먹다 / 빙수를 먹다)

2) 가: 주말에는 보통 뭘 하세요?

　　나: _____.(청소를 하다 / 드라마를 보다)

3) 가: 집에 가면 오후에 뭘 하세요?

　　나: _____.(숙제를 하다 / 친구를 만나다)

4) 가: 고향에 가면 무슨 일을 할 거예요?

　　나: _____.

5) 가: 돈을 많이 벌면 무엇을 하고 싶어요?

　　나: _____.

6) 가: 기분이 안 좋을 때 무엇을 해요?

　　나: _____.

7) 가: 어떤 음식이 좋아요?

　　나: _____.(맵다 / 짜다)

8) 가: 어떤 사람이 좋아요?

　　나: _____.

읽기

※ 다음을 읽고 질문에 답하십시오.

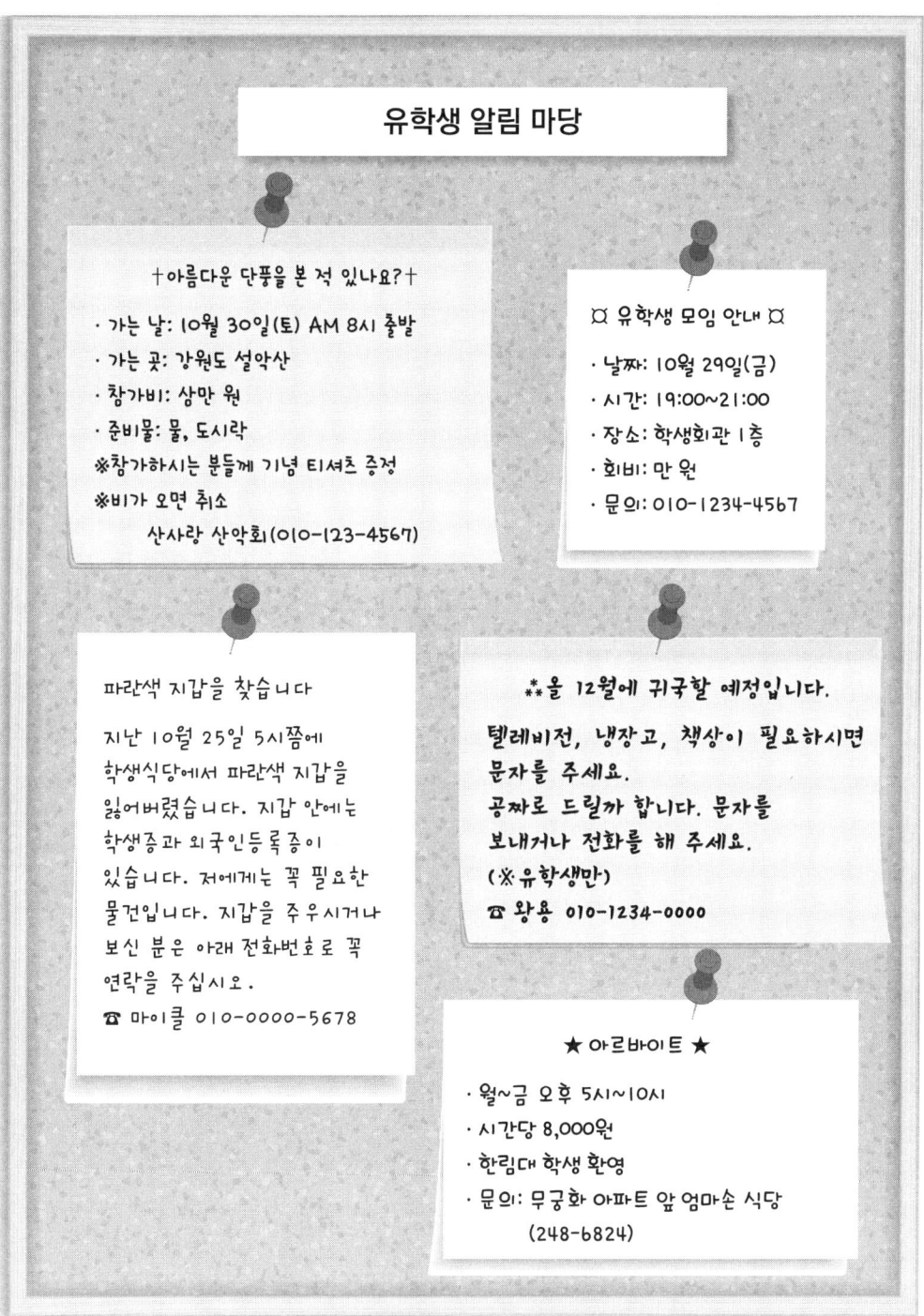

1. 다음을 읽고 맞는 것을 고르십시오.

① 마이클 씨는 지갑을 샀습니다.
② 마이클 씨는 지갑을 잃어버렸습니다.
③ 마이클 씨는 파란색 지갑을 샀습니다.
④ 마이클 씨는 학생 식당에서 지갑을 주웠습니다.

2. 다음 (   )에 알맞은 말을 쓰십시오.

1)
유학생 모임이 (   ) 저녁에 있습니다. (   ) 1층에서 하고 (   )은/는 만 원입니다. 궁금한 것은 010-1234-4567로 (   )(으)면 됩니다.

2)
엄마손 식당에서 (   )을/를 할 사람을 찾습니다. 일주일에 (   ) 동안 일하며 한 시간에 (   )을/를 받을 수 있습니다.

3)
산사랑 산악회에서는 토요일에 (   )(으)로 단풍 구경을 갈 겁니다.
갈 때는 (   )와/과 (   )을/를 준비해야 합니다.
회비는 (   )(이)고 참가하시는 분들께는 (   )을/를 드립니다.
(   )(으)면 등산이 취소됩니다.

※ 다음을 읽고 질문에 답하십시오.

단풍 구경을 다녀왔어요

나는 오늘 설악산에 다녀왔습니다. 산에 가 본 적이 없어서 조금 걱정을 했지만 친구들과 같이 가서 다행이었습니다.

우리는 학교 도서관 앞에서 모였습니다. 출발 시간은 오전 여덟 시였지만 늦게 온 사람들이 있어서 여덟시 반에 출발했습니다.

우리는 아홉 시 반쯤에 휴게소에서 잠깐 쉬었습니다. 나는 한국에서 고속도로 휴게소는 처음 가 봤습니다. 휴게소에는 사람들이 너무 많았습니다. 식당 음식이나 파는 물건도 다양했습니다. 나는 물을 안 가지고 와서 ㉠물이나 음료수를 한 병 살까 했습니다. 그런데 매점에 사람들이 너무 많아서 그냥 버스에 탔습니다.

서울에서 속초까지 버스로 두 시간쯤 걸렸습니다. 설악산은 강원도에서 가장 높은 산입니다. 설악산에는 항상 관광객들이 많이 옵니다. 봄과 여름에는 예쁜 꽃들을 구경하거나 시원한 계곡에서 휴식을 취합니다. 가을에는 화려한 단풍을, 겨울에는 하얀 눈을 보러 옵니다. 지금은 가을이라서 단풍이 아주 아름다웠습니다. 설악산에는 '흔들바위'가 있습니다. 이 바위는 사람이 손으로 밀면 흔들려서 이름이 '흔들바위'입니다.

우리는 저녁 일곱 시쯤 집으로 돌아왔습니다. 겨울 방학에는 부모님이 한국에 오실 겁니다. 부모님이 오시면 같이 설악산에 가겠습니다. 오늘은 즐거운 하루였습니다.

1. ㉠을 '-거나'를 사용해서 고쳐 쓰십시오.

   ➡ _____

2. 버스는 왜 늦게 출발했습니까?

   ① 날씨가 좋지 않았습니다.　　　② 버스가 늦게 도착했습니다.

   ③ 지각을 한 사람들이 있었습니다.　　④ 사람들이 모이는 곳을 잊어버렸습니다.

3. 위 글의 내용과 <u>다른 것</u>을 고르십시오.

   ① 나는 산에 처음 갔습니다.

   ② 나는 휴게소에서 물을 샀습니다.

   ③ 설악산은 한국에서 가장 높은 산입니다.

   ④ 설악산은 여름에 관광객이 제일 많이 옵니다.

쓰기

※ 아래의 문형을 사용하여 다음과 같이 여행 계획을 세우고 쓰십시오.

> V-(으)ㄴ 적이 있다/없다   V-(으)ㄹ까 하다   V/A-거나

제주도 여행 계획

언제: 시험이 끝난 후
어디: 제주도
누구와: 부모님
얼마 동안: 2박 3일
왜: 부모님과 여행한 적이 없어서
여행계획: 첫째 날- 한라산 등산, 폭포 구경, 식물원 구경
　　　　　둘째 날- 민속박물관 또는 녹차 박물관 구경
　　　　　셋째 날- 제주도 유명 음식 먹기

　　저는 시험이 끝난 후에 제주도에 2박 3일 동안 여행을 갈까 합니다. 부모님과 여행을 같이 간 적이 없어서 같이 여행을 할까 합니다. 첫째 날은 한라산에 갈까 합니다. 부모님께서 등산을 좋아하시고 저도 한라산은 가 본 적이 없어서 좋을 것 같습니다. 한라산에 올라 유명한 폭포도 구경하고 제주도에만 있는 여러 식물도 보려고 합니다. 둘째 날은 제주도 전통생활을 알 수 있는 민속박물관을 구경하거나 녹차박물관에 갈까 합니다. 녹차박물관에 가면 녹차로 만든 다양한 음식도 맛볼 수 있습니다. 마지막 날은 공항 근처의 유명한 식당에서 '흑돼지 구이'를 먹을까 합니다.

(   ) 여행 계획

언제:

어디:

누구와:

얼마 동안:

왜:

여행계획:

13과 보고서를 다음 주까지 제출하라고 하세요

기본 대화문

마이클　마흐멧 씨, 감기는 좀 어때요?

마흐멧　많이 좋아졌어요. 전화해 줘서 고마워요.

마이클　걱정도 되고 기말시험도 알려 주려고 전화했어요.

마흐멧　벌써 기말시험이군요.

마이클　시험 시간과 장소는 알고 있죠?

마흐멧　네, 다음 주 목요일 오후 4시 국제관 210호 맞죠?

마이클　맞아요. 기말 보고서는 다 썼어요?

마흐멧　준비는 했는데 감기 때문에 아직 못 끝냈어요.

마이클　기말 보고서는 다음 주 수요일 6시 전까지 과사무실로 내라고 하셨어요. 시간에 늦으면 안 된다고 하셨어요.

마흐멧　네, 알겠어요. 알려 줘서 고마워요.

마이클　그리고 제시카 씨가 내일 저녁에 만나서 같이 시험공부를 하자고 하는데 올 수 있겠어요?

마흐멧　아직은 잘 모르겠어요. 내일 오전에 전화할게요.

마이클　그래요, 감기 빨리 낫고 내일 오전에 다시 통화해요.

어휘와 표현

- ✓ 보고서
- ✓ 과사무실
- ✓ 끝내다
- ✓ 낫다
- ✓ 통화하다

이해하기

1. 기말시험은 언제입니까?
2. 마흐멧 씨는 왜 기말 보고서를 못 썼습니까?
3. 마이클 씨는 내일 무엇을 할 겁니까?

문법

1. V-ㄴ/는다고 하다, A-다고 하다, N(이)라고 하다

- 마이클 씨가 아르바이트를 한다고 해요.
- 철수 씨는 일주일에 책 한 권을 읽는다고 해요.
- 제시카 씨가 고향에 돌아갔다고 해요.
- 웨이 씨가 다음 달부터 한국어를 배울 거라고 해요.

- 학교 앞 식당 중 여기가 제일 맛있다고 해요.
- 마이클 씨가 어제 배가 많이 아팠다고 해요.
- 기말시험이 어려울 거라고 해요.

- 기말시험이 어려울 거라고 해요.
- 다음 주부터 방학이라고 해요.

2. V-느냐고/A-(으)냐고 하다, N(이)냐고 하다

- 언제 고향에 돌아가느냐고 해요.
- 시험공부를 다 했느냐고 해요.
- 주말에 서울에 갈 거냐고 해요.

- 많이 바쁘냐고 해요.
- 옷이 작으냐고 해요.
- 닭갈비가 맛있느냐고 해요.
- 어디가 얼마나 아팠냐고 해요.

3. V-자고 하다

- 시험공부를 같이 하자고 해요.
- 바쁘지 않으면 저녁을 같이 먹자고 해요.

4. V-(으)라고 하다

- 엄마가 방 청소를 하라고 하셨어요.
- 약을 하루에 세 번 먹으라고 합니다.
- 동생이 장난감을 사 달라고 했어요.

연습문제

1. 친구가 한 말을 다른 사람에게 말해 보십시오.

1) 승우: "지금 밥을 먹어요"

   ➡ 승우가 지금 밥을 먹는다고 해요.

2) 웨이: "방학 때 고향에 갈 거예요."

   ➡ _____.

3) 마이클: "길이 너무 복잡해요."

   ➡ _____.

4) 마흐멧: "어제 영화를 봤어요."

   ➡ _____.

5) 제시카: "제 생일은 9월 3일이에요."

   ➡ _____.

6) 타나폰: "시험이 어려웠어요."

   ➡ _____.

7) 지훈: "저는 겨울마다 스키를 타요."

   ➡ _____.

8) 영희: "마이클 씨, 언제 만날까요?

   ➡ 영희가 마이클 씨에게 _____.

9) 철수: "이번 MT는 남이섬으로 가자."

   ➡ 철수가 _____.

10) 선생님: "보고서는 다음 주까지 내세요."

    ➡ _____.

2. 철수가 한 말을 다시 말해 보십시오.

> 저는 한림대학교 **학생입니다**.
> 한림대학교에서 경영학을 **공부합니다**.
> 만나서 **반갑습니다**.

철수 씨는 한림대학교 _____.

철수 씨는 한림대학교에서 경영학을 _____.

만나서 _____.

3. 제시카가 한 말을 다시 말해 봅시다.

> 어제 영화 '아저씨'를 **봤어요**.
> 그 영화가 너무 **재미있었어요**.
> 그래서 다시 **볼 거예요**.

제시카 씨는 어제 영화 '아저씨'를 _____.

제시카 씨는 그 영화가 너무 _____.

제시카 씨는 그 영화를 다시 _____.

4. 승우 씨가 한 말을 친구에게 다시 말해 보십시오.

내일 같이 놀이공원에 가요.
점심은 내가 만들어 올게요.
추울지도 모르니까 두꺼운 옷을 가지고 오세요.
9시에 학교 정문 앞에서 만나요.

승우 씨가 내일 _____.

점심은 _____.

추울지도 모르니까 _____.

그리고 9시 _____.

5. 다음 대화를 다시 써 보십시오.

1)

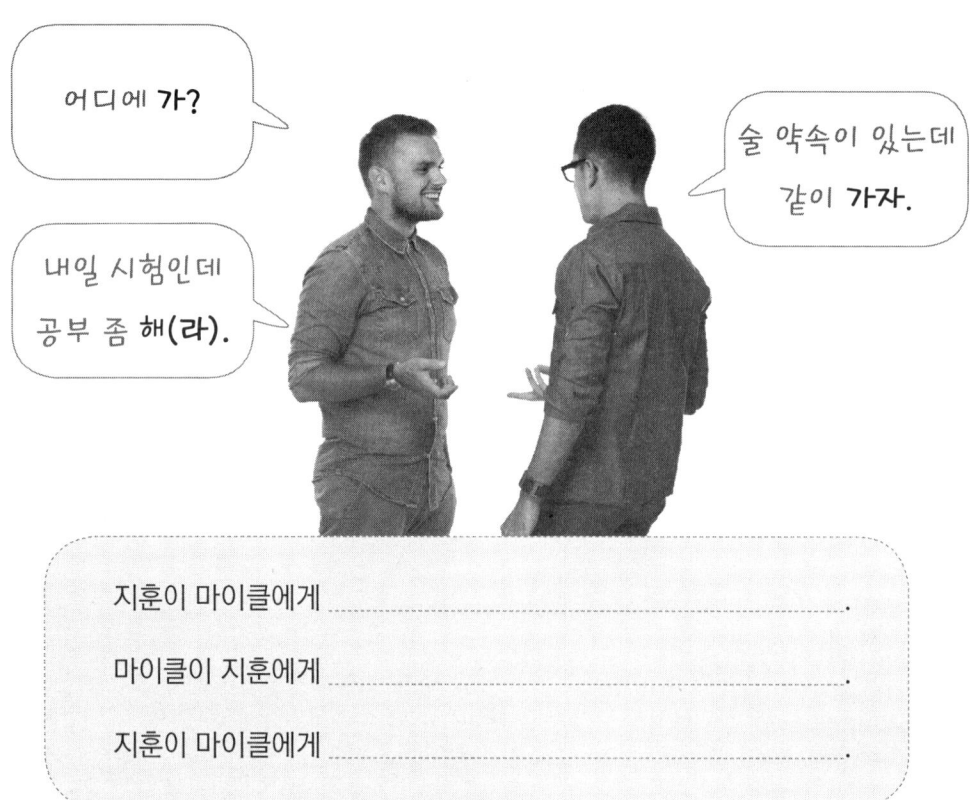

지훈이 마이클에게 _____.

마이클이 지훈에게 _____.

지훈이 마이클에게 _____.

2)

수지가 로버트에게 _____.

로버트가 수지에게 _____.

수지가 로버트에게 _____.

읽기

※ 다음을 읽고 질문에 답하십시오.

기말 발표 때문에 고민이에요.

웨 이 무슨 일이 있어요? 얼굴이 안 좋아 보여요.
수 잔 다음 주에 기말 발표를 해야 하는데 준비를 다 못 했어요.
웨 이 혼자 발표하는 거예요? 아니면 조별 발표예요?
수 잔 조별 발표인데 다들 시간이 안 맞아서 만나기가 힘들어요.
웨 이 그럼 수업이 다 끝난 후에 만나자고 해요.
수 잔 저는 괜찮은데 마이클 씨가 아르바이트가 있어서 힘들다고 해요.
웨 이 아, 그렇군요. 그럼, 메신저를 이용해 보는 건 어때요?
　　　 직접 모일 필요도 없고 파일도 주고받을 수 있어서 편해요.
수 잔 메신저요? 아, 코코아톡 같은 거 말이죠?
웨 이 네, 한국에서는 코코아톡도 많이 쓰고, 라임도 많이 써요.
수 잔 그럼, 친구들에게 메신저에서 이야기해 보자고 말해 봐야겠어요.
웨 이 그래요. 다들 바쁜데 굳이 직접 만날 필요는 없잖아요.

1. 수잔의 고민은 무엇입니까? 알맞은 것을 고르십시오.

① 메신저를 사용할 줄 모른다.
② 기말 발표 시간에 늦었다.
③ 친구들과 만날 수 없어 외롭다.
④ 기말 발표 준비를 끝내지 못했다.

2. 이 글의 내용과 다른 것을 고르십시오

① 웨이 씨는 혼자서 기말 발표를 한다.
② 수잔은 웨이에게 메신저 사용 방법을 알려주었다.
③ 수잔은 코코아톡으로 기말 발표 준비를 하고 있다.
④ 마이클은 아르바이트 때문에 기말 발표 모임에 참가할 수 없다.

※ 다음을 읽고 아래 빈 칸에 알맞은 말을 다시 쓰십시오.

춘천시, '춘천 시민의 날' 이벤트 실시

춘천시는 25일부터 '춘천 시민의 날'을 맞아 시민들에게 '2017 한국 박물관 특별전' 관람의 기회를 선착순으로 100명에게 제공한다고 24일 밝혔다.

박물관 관람 신청은 누구나 춘천시 홈페이지(www.chuncity.go.kr)를 통해 참여할 수 있다. 이번에 신청한 시민들에게는 다음 달 27일 '한국 박물관 특별전' 초대장이 제공된다.

이 밖에도 시민들을 위한 다양한 행사가 마련돼 있다고 한다.

우선 다음 달 28일까지 진행되는 '예쁜 가게 이름 찾기' 이벤트는 춘천시에 있는 많은 가게들 중 아름다운 한글 이름 가게를 찾은 시민 50명에게 다양한 상품 및 상품권을 증정한다.

춘천 시청 관계자는 이번 행사는 2012년부터 계속 해 온 것으로 행사를 통해 춘천 시민들이 춘천시에 대한 사랑을 더 키울 수 있을 것이라고 전했다. 또한 다양한 문화 행사를 통해 춘천시를 알릴 수 있는 기회가 될 수 있다고 설명했다.

김철수 기자

1. 윗글의 종류는 무엇입니까?
① 편지
② 광고문
③ 신문 기사
④ 여행 감상문

2. 다음 중 글의 내용에 맞는 것을 고르십시오.
① 이 행사는 2017년 처음 실시한다.
② 박물관 관람권은 박물관 홈페이지에서 신청해야 한다.
③ 춘천 시민이 한글로 된 가게 이름을 찾으면 박물관 관람권을 받을 수 있다.
④ 시청 관계자는 시민의 날 행사를 통해 춘천시가 더 유명해질 거라고 생각한다.

쓰기

1. 다음 문자메시지를 옆의 친구에게 전달해 보십시오.

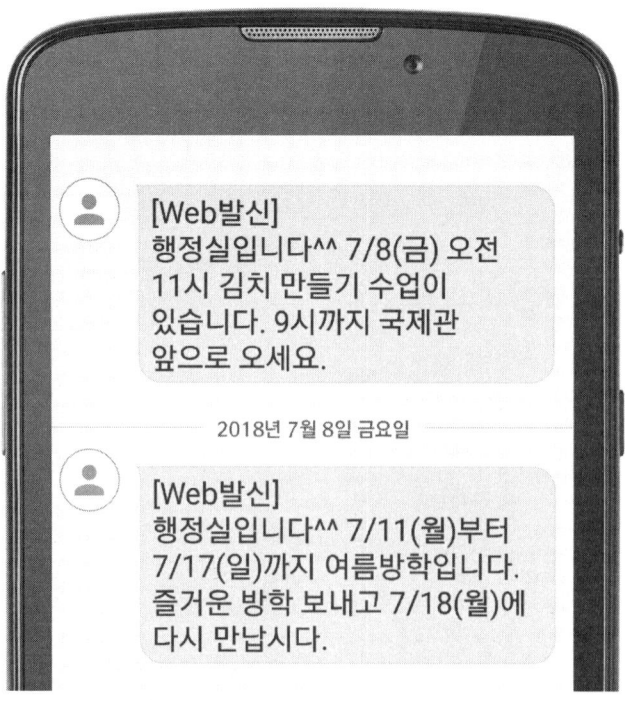

1)

　　행정실에서

2)

　　행정실에서

2. 스포츠센터 안내문입니다. 다음을 보고 서술문으로 다시 써 보십시오.

	시간	이용 요일
헬스	평일 06:00~23:00 토요일 06:00~20:00 (7,8월 22시까지) 일, 공휴일 10:00~18:00	월~일 (일요일, 공휴일 자유 수영 가능)

헬스 프로그램 수강생 모집   (*수건/운동복 제공)

※ 수영장에 음식물을 가지고 들어가지 말 것.

스포츠센터에서 헬스 프로그램 수강생을 모집한다고 합니다.

어휘목록

어휘 목록

ㄱ

가게	4과	거기	6과	고양이	12과
가격	3과	거르다	11과	고추장	8과
가깝다	4과	거북	7과	고프다	7과
가끔	4과	거스름돈	3과	고향	3과
가능	3과	거실	3과	곧	9과
가능하다	11과	거의	5과	곳	4과
가다	2과	걱정	6과	공기	3과
가르쳐주다	3과	걱정하다	9과	공부	3과
가르치다	6과	건강	6과	공부하다	1과
가방	4과	건강하다	7과	공연	6과
가수	1과	건너편	2과	공원	4과
가위	4과	걷다	4과	공짜	5과
가을	6과	걸리다	3과	공항	3과
가입	6과	걸어가다	7과	공휴일	13과
가입하다	6과	검색	10과	과	1과
가장	5과	검색하다	10과	과거	7과
가져가다	4과	게다가	11과	과목	5과
가족	10과	게임	9과	과일	3과
가지	7과	겨울	12과	과일값	8과
가지다	6과	결정	7과	과자	10과
각	5과	결정하다	12과	과제	2과
각자	5과	결제액	3과	과학자	11과
갈비탕	12과	경력	10과	관계	1과
갈아타다	4과	경복궁	4과	관계자	13과
감기	3과	경영학	2과	관광객	12과
감사하다	3과	경영학과	1과	관람	13과
감상	6과	경찰관	1과	관람권	13과
감상문	13과	경찰청	10과	관람료	4과
갑자기	6과	경험	10과	관심	1과
값	3과	계곡	12과	광고	10과
강원도	10과	계단	8과	광고문	13과
강의실	2과	계속	7과	괜찮다	5과
같다	5과	계시다	7과	굉장히	5과
같이	2과	계획	12과	교내	6과
개	3과	고기	7과	교실	5과
개나리	3과	고등학교	8과	교양	12과
개월	8과	고르다	3과	교양과목	12과
개인	5과	고맙다	3과	교원	10과
		고민	13과	교육	6과
		고속도로	12과	교통	4과

교환	3과	그만	7과	꽃병	7과
교환학생	1과	그만두다	11과	꾸다	10과
구경	9과	그쪽	4과	꿈	10과
구경하다	9과	극장	2과	꿔바로우	9과
구두	9과	근처	2과	끝나다	2과
구이	12과	글	6과	끝내다	13과
국내	9과	글쎄	4과	끼니	11과
국문과	1과	글씨	9과		
국문학과	5과	금방	11과	**ㄴ**	
국물	9과	금액	3과		
국어국문학과	1과	금요일	2과	나가다	5과
국제관	2과	기간	9과	나다	11과
굳이	13과	기념	12과	나라	1과
굶다	11과	기다리다	4과	나무라다	7과
굽	3과	기대	9과	나쁘다	4과
궁금하다	12과	기말	4과	나오다	4과
권	11과	기말시험	5과	나중	4과
귀	9과	기분	5과	날	2과
귀국하다	12과	기사	13과	날씨	3과
규칙	5과	기숙사	2과	날짜	12과
그	2과	기온	7과	남이섬	7과
그것	1과	기자	13과	남자	5과
그냥	4과	기차	4과	남학생	5과
그동안	8과	기차표	7과	낫다	7과
그때	10과	기침	7과	내	11과
그래	2과	기호	11과	내년	5과
그래도	7과	기회	13과	내다	3과
그래서	3과	길	8과	내려가다	7과
그러나	5과	길다	5과	내리다	4과
그러니까	5과	길이	4과	내용	6과
그러다	6과	김밥	5과	내일	2과
그러면	2과	김치	8과	냉면	12과
그런데	3과	김치볶음밥	3과	냉장고	5과
그럼	3과	김치찌개	3과	너	7과
그렇게	7과	-까지	5과	너무	3과
그렇다	5과	깜박	10과	넘어지다	7과
그렇지	9과	깨끗이	11과	넣다	9과
그리고	2과	깨끗하다	3과	네	1과
그리다	8과	꼭	4과	년	1과
그림	8과	꽃	7과	노래	6과

어휘 목록

노래방	3과	달	6과	동안	1과
노래하다	6과	달다	13과	동전	11과
노인정	7과	닭	1과	동호회	6과
노트북	8과	닭갈비	3과	되다	1과
녹차	12과	담배	4과	된장찌개	2과
놀다	2과	-당	11과	두껍다	5과
놀이공원	13과	당나귀	7과	두다	8과
농구	1과	당신	7과	둘째	12과
농구장	2과	당일	5과	뒤	2과
농부	7과	당첨되다	9과	드라마	4과
높다	3과	대로	9과	드리다	6과
누가	2과	대상	5과	드시다	4과
누구	2과	대신	5과	든지	6과
누구나	6과	대장금	10과	듣다	2과
누나	5과	대출	11과	-들	5과
누르다	11과	대출하다	11과	들다	6과
눈	5과	대하다	8과	들리다	11과
눈길	10과	대학	1과	들어가다	5과
눕다	7과	대학교	1과	들어오다	1과
늘다	8과	대학생	8과	등록금	12과
늦다	3과	대학원생	11과	등록번호	11과
늦었다	13과	대해	1과	등산	6과
늦잠	10과	대화	3과	등산하다	6과
-님	5과	대회	6과	따뜻하다	3과
		댄스	8과	따뜻해지다	8과
		더	4과	때	5과

ㄷ

		더럽다	5과	때문	6과
		덥다	4과	떠들다	4과
다	4과	도서	11과	떡볶이	7과
다녀오다	7과	도서관	1과	떨어지다	4과
다니다	2과	도시락	12과	또	7과
다르다	1과	도와주다	3과	또는	12과
다리	7과	도움	11과	또한	13과
다시	4과	도전하다	11과	뛰다	4과
다양하다	1과	도착하다	6과	뜻	4과
다음	3과	독서	6과		
다이어트	8과	돈	2과		
다치다	7과	돈가스	3과		
다행	12과	돌아가다	8과	## ㄹ	
단어	4과	돌아오다	2과		
단체	5과	돕다	2과	라면	2과
단풍	12과	동생	2과	러시아	5과
닫다	3과	동아리	6과	러시아어	2과
				러시아학과	5과

룸메이트	2과	머리	3과	물건	3과		
		먹다	2과	물어보다	9과		
		먼저	7과	뭐	3과		

ㅁ

		멀다	4과	미국	1과
		메뉴	3과	미끄러지다	7과
마다	13과	메시지	8과	미안하다	2과
마당	12과	명	1과	미용사	1과
마라탕	9과	명동	4과	미용실	2과
마련되다	13과	몇	1과	민속	12과
마시다	2과	모금	9과	민속박물관	12과
마음	3과	모델	9과	밀다	12과
마음에 들다	3과	모두	3과	및	5과
마지막	6과	모르다	2과	밑	7과
마침	8과	모양	12과		
마트	3과	모이다	6과		
마흔	1과	모임	2과	**ㅂ**	
막히다	4과	모자	5과		
만	10과	모자라다	11과	바구니	3과
만나다	1과	모집하다	6과	바꾸다	4과
만들다	2과	목	6과	바나나	1과
만약	11과	목소리	6과	바다	6과
많다	1과	목요일	2과	바람	2과
많아지다	8과	몸	6과	바로	3과
많이	5과	못	3과	바쁘다	5과
말	6과	못하다	6과	바위	12과
말다	4과	몽골	5과	박	6과
말씀	7과	무	3과	박물관	12과
말씀드리다	7과	무겁다	7과	밖	2과
말씀하다	1과	무궁화	12과	밖에	10과
말하기	2과	무섭다	5과	반	1과
말하다	6과	무슨	1과	반갑다	1과
맛	4과	무엇	1과	반납	11과
맛보다	9과	무효	5과	반납되다	11과
맛있다	3과	문	3과	반납하다	11과
망치다	10과	문구사	2과	반지	7과
맞다	6과	문방구	3과	받다	3과
맞은편	2과	문의	12과	발급	5과
매년	6과	문자	8과	발신	13과
매일	5과	문자메시지	13과	발표	1과
매점	12과	문형	8과	발표하다	13과
매주	6과	문화	1과	발행처	10과
매콤하다	9과	문화부	10과	밝히다	13과
맵다	6과	물	3과	밤	2과

밤늦다	7과	봄	6과	사물놀이	6과
밥	2과	봉사	6과	사범	10과
방	5과	봉사활동	9과	사용	13과
방문하다	4과	뵙다	1과	사용하다	4과
방법	9과	부르다	3과	사이	2과
방학	3과	부모님	3과	사전	1과
방해	11과	부자	7과	사진	5과
배	3과	부채	4과	사항	10과
배고프다	8과	부터	5과	산	6과
배달	3과	분	11과	산길	7과
배우다	2과	분실하다	5과	산악회	12과
백	1과	불고기	4과	산책	9과
백화점	4과	불다	2과	살	11과
버릇	11과	불쌍하다	7과	살다	2과
버리다	10과	불참하다	5과	상궁	10과
버스	3과	불편하다	3과	상자	7과
버스터미널	3과	비	3과	상태	11과
버스표	3과	비누	4과	상품	13과
버튼	11과	비빔밥	2과	상품권	13과
번	2과	비슷하다	9과	상품명	3과
번지	10과	비싸다	3과	상황	11과
벌금	11과	비용	5과	새로	3과
벌다	12과	비행기	5과	새우다	12과
벌써	4과	빌리다	2과	생각	6과
벌점	5과	빙수	12과	생각하다	1과
베트남	5과	빠르다	8과	생기다	3과
변하다	8과	빨간색	8과	생년월일	10과
별로	4과	빨갛다	5과	생신	7과
병	3과	빨래	2과	생일	3과
병원	3과	빨리	7과	생활	5과
보고서	13과	빵	2과	샤워	5과
보내다	2과	빵집	8과	서른	1과
보다	2과			서명	11과
보다 (비교)	6과			서울	4과
보여요	11과	ㅅ		서울시	10과
보이다	3과			서점	3과
보통	2과	사감	5과	선물	3과
복권	9과	사거리	3과	선물하다	4과
복잡하다	4과	사과	1과	선생님	1과
볶음밥	4과	사다	3과	선수	1과
본인	5과	사람	1과	선착순	13과
볼거리	4과	사랑	13과	선택	12과
볼펜	8과	사무실	5과	설거지	9과

설명하다	13과	숫자	1과	신청하다	1과
설악산	6과	쉬다	3과	실력	8과
성명	10과	쉰	1과	실례하다	4과
성인	5과	쉽다	9과	실수	10과
성적	11과	슈퍼	3과	실수하다	10과
성함	1과	스물	1과	실시	13과
세계여행	9과	스키	10과	실시하다	5과
세일	7과	스키장	10과	싫다	6과
세일	9과	스트레스	9과	싫어하다	6과
세종로	10과	스포츠센터	2과	심리	11과
세탁	5과	슬리퍼	3과	심심하다	10과
세탁기	5과	슬프다	10과	심하다	7과
세탁실	5과	습관	8과	싶다	6과
센터	10과	시간	2과	싸다	3과
셋째	12과	시끄럽다	11과	싸우다	7과
소개하다	5과	시민	13과	쓰다	2과
소나무	6과	시원하다	12과	쓰이다	11과
소리	6과	시작하다	2과	씻다	4과
소설	7과	시장	5과		
소음	11과	시청	13과		
소장처	11과	시청하다	5과	**ㅇ**	
소중하다	10과	시합	7과		
소화	7과	시험	2과	아	5과
속초	7과	시험공부	5과	아기	7과
손	4과	시험기간	11과	아까	3과
손님	3과	시험시간	4과	아니	3과
손발	9과	식권	4과	아니다	1과
쇼핑	4과	식당	2과	아니요	1과
수	5과	식물	12과	아들	7과
수강	1과	식물원	12과	아래	2과
수강생	13과	식사	2과	아르바이트	8과
수건	13과	식탁	7과	아름답다	4과
수량	3과	신경	11과	아마	6과
수리	4과	신기하다	4과	아무도	7과
수박	1과	신나다	4과	아무리	11과
수업	1과	신다	3과	아버지	3과
수영	2과	신랑	7과	아이	7과
수영장	2과	신문	13과	아저씨	13과
수영하다	10과	신발	3과	아주	4과
수요일	2과	신부	7과	아직	4과
수첩	2과	신입생	5과	아침	2과
숙제	2과	신청	13과	아침밥	5과
술	3과	신청서	6과	아파트	3과

아프다	3과	여기	1과	예매하다	4과
아흔	1과	여기서	11과	예쁘다	3과
악기	9과	여기저기	12과	예순	1과
안	2과	여덟	12과	예술	11과
안경	5과	여든	1과	예약	11과
안내	5과	여러	3과	예약하다	10과
안녕하세요	1과	여름	6과	예정	11과
안동	5과	여름방학	8과	예정일	11과
앉다	3과	여보	4과	오늘	1과
않다	3과	여보세요	4과	오다	1과
알다	4과	여자	8과	오래	7과
알리다	6과	여쭈다	11과	오래간만	2과
알림	12과	여쭙다	9과	오랜만	2과
알맞다	6과	여학생	5과	오렌지	3과
앞	2과	여행	4과	오렌지주스	2과
야채	7과	여행사	10과	오르다	11과
약	13과	여행지	7과	오른쪽	2과
약속	2과	여행하다	6과	오빠	10과
양말	3과	연극	6과	오시다	12과
양치질	11과	연극표	8과	오이	3과
어느	1과	연락처	10과	오전	2과
어디	2과	연락하다	12과	오후	2과
어때	4과	연습	6과	오히려	11과
어떤	3과	연습하다	8과	온라인	5과
어떻게	1과	연체	11과	올라가다	6과
어떻다	3과	연체되다	11과	옷	3과
어렵다	1과	연체료	11과	옷가게	7과
어리다	10과	연체하다	11과	왜	3과
어머니	4과	연필	1과	왜냐하면	6과
어묵	9과	연휴	4과	외국	1과
어서	9과	열	1과	외국어	10과
어제	3과	열다	3과	외국인	1과
어학연수	10과	열쇠	1과	외국인등록증	12과
언니	10과	열심히	8과	외롭다	13과
언제	2과	영국	1과	외박	5과
얼굴	10과	영수증	3과	외박계	5과
얼굴색	11과	영어	6과	왼쪽	2과
얼마	3과	영화	2과	요금	4과
얼마나	4과	영화관	2과	요리	5과
엄마	7과	영화배우	1과	요리사	1과
없다	2과	영화표	4과	요리하다	1과
에어컨	11과	옆	2과	요즘	2과
엘리베이터	8과	예매	10과	-용	11과

용돈	10과	이따	11과	있다	1과	
우리	1과	이렇게	7과	잊어버리다	12과	
우리집	10과	이력서	10과			
우산	4과	이름	1과	**ㅈ**		
우선	7과	이메일	2과			
우선적	11과	이미	6과	자	10과	
우유	3과	이번	1과	자격	10과	
우체국	2과	이벤트	13과	자격증	10과	
운동	3과	이사	11과	자기	5과	
운동복	13과	이상	6과	자기소개	1과	
운동장	8과	이야기	7과	자다	2과	
운동하다	6과	이야기하다	3과	자동발매기	4과	
운동화	6과	이용	13과	자동차	4과	
운영	11과	이용하다	4과	자료	9과	
운전	12과	이유	6과	자르다	4과	
운전면허증	10과	이제	5과	자리	3과	
운전하다	5과	이해하다	1과	자유	13과	
울다	10과	이후	5과	자장면	3과	
웃다	5과	익숙하다	8과	자전거	2과	
원	3과	익숙해지다	8과	자주	5과	
원피스	4과	인기	9과	작년	5과	
월요일	2과	인문	11과	작다	3과	
위	2과	인분	3과	작성하다	5과	
위치	3과	인사동	4과	잔	4과	
위하다	6과	인사하다	5과	잘	2과	
유명	12과	인터넷	2과	잘하다	2과	
유명하다	4과	일	1과	잠	2과	
유명해지다	13과	일곱	12과	잠깐	3과	
유학	1과	일등	6과	잠들다	10과	
유학생	1과	일본	1과	장난감	13과	
유형	11과	일어나다	1과	장면	10과	
육개장	4과	일요일	2과	장소	5과	
은행	2과	일주일	2과	재능	6과	
음	7과	일찍	4과	재료	9과	
음료수	12과	일흔	1과	재미	4과	
음식	1과	읽기	2과	재미있다	3과	
음식값	3과	읽다	2과	저	6과	
음식물	13과	잃어버리다	12과	저것	1과	
음악	2과	입	8과	저기	3과	
의사	1과	입다	5과	저녁	2과	
의자	1과	입에 맞다	8과	저자	11과	
이것	1과	입에 안 맞다	8과	저쪽	4과	
이기다	7과	입학	5과			

저희	5과	졸다	7과	지각하다	7과
적	12과	졸업하다	5과	지갑	12과
적다	11과	좀	4과	지금	2과
적당하다	4과	종로구	10과	지나가다	7과
전	5과	종류	3과	지나다	4과
전공	1과	종이	4과	지난주	5과
전공과목	12과	종일	11과	지내다	2과
전공하다	5과	좋다	2과	지도교수	5과
전단지	3과	좋아	6과	지하철	4과
전시	9과	좋아지다	13과	지하철역	4과
전시하다	9과	좋아하다	1과	직업	1과
전시회	9과	죄송하다	3과	직원	3과
전자사전	1과	주	2과	직접	5과
전자우편	10과	주고받다	13과	진행되다	13과
전통	4과	주다	1과	짐	7과
전통악기	6과	주말	2과	집	2과
전하다	13과	주무시다	9과	짜다	12과
전화	5과	주문하다	4과	-짜리	11과
전화번호	1과	주민등록번호	10과	짧다	5과
전화하다	4과	주방	5과	-째	4과
점수	7과	주변	10과	-쯤	2과
점심	2과	주소	10과	찌다	11과
점심시간	4과	주스	3과	찍다	11과
점호	5과	주인공	10과		
정도	4과	주점	9과	**ㅊ**	
정말	1과	주제	1과		
정문	2과	주차장	7과	차	4과
정상	6과	죽다	10과	차례대로	4과
정신	9과	준비	13과	참	8과
정하다	1과	준비물	12과	참가비	12과
정확하다	11과	줄	9과	참가하다	12과
젖다	7과	줄무늬	3과	참석하다	5과
제	3과	줍다	12과	참여하다	6과
제공되다	13과	중	4과	창구	11과
제공하다	13과	중간시험	9과	창문	5과
제일	8과	중국	1과	찾다	2과
제주도	6과	중국요리	10과	찾아보다	6과
제출하다	11과	중요하다	7과	채소	3과
조금	2과	즐겁다	1과	책	1과
조별	13과	증정	12과	책상	2과
조심하다	4과	증정하다	13과	처음	1과
조용하다	3과	지	9과	천둥	6과
조조	4과	지각	12과		

천둥소리	6과			퇴근하다	13과	
첫	1과			특별	13과	
첫째	12과	**ㅋ**		특별하다	12과	
청구	11과	카드키	5과	특별히	6과	
청바지	3과	카페	8과	튼튼하다	4과	
청소	2과	캐나다	5과	틀리다	3과	
초대장	13과	커피	2과	티셔츠	5과	
초등학교	3과	커피숍	2과			
초보자	6과	컴퓨터	4과			
촛불	7과	컵	2과	**ㅍ**		
총	11과	케이크	3과	파란색	6과	
추석	3과	켜다	11과	파마	2과	
추워지다	8과	켤레	3과	파일	13과	
축구	1과	코너	3과	파티	6과	
축제	9과	콘서트	5과	팔다	3과	
춘천	13과	크다	3과	팔리다	11과	
출근하다	4과	큰일	11과	편	10과	
출발	6과	키	3과	편의	4과	
출발하다	6과	키우다	12과	편의점	10과	
출입	5과			편지	2과	
출입국관리사무소	4과			편찮으시다	7과	
출입하다	5과	**ㅌ**		편하다	3과	
춤	6과	타다	2과	평소	3과	
춤추다	8과	탁구	6과	평일	7과	
춥다	4과	탈퇴하다	6과	포기하다	10과	
충치	11과	탕수육	9과	포스터	3과	
취미	6과	태국	1과	폭포	12과	
취소	12과	태권도	2과	표	4과	
취소되다	11과	태권도장	2과	프랑스	1과	
취직	9과	태우다	7과	프로그램	13과	
취하다	12과	택배	5과	피곤하다	3과	
층	2과	택시	4과	피아노	5과	
치다	4과	터미널	4과	피우다	4과	
치료	7과	터키	2과	피자	2과	
치마	5과	테니스	4과	필수	12과	
친구	1과	텔레비전	12과	필요	13과	
친구들	2과	토끼	7과	필요하다	3과	
친하다	5과	토론	6과			
침대	7과	토요일	2과			
칫솔	3과	통하다	13과	**ㅎ**		
		통합정보시스템	5과	하고	11과	
		통화하다	13과	하나	11과	
		퇴근	9과			

하다	2과	현관문	5과	흔들리다	12과
하루	2과	현금	8과	흔들바위	12과
하얗다	12과	현재	7과	힘내다	12과
하지만	3과	협회	10과	힘들다	6과
하회마을	5과	형	2과		
학과	5과	호수	3과		
학교	1과	호실	5과		
학기	1과	호적	10과		
학년	1과	호주	10과		
학부생	11과	혹시	6과		
학생	1과	혼자	7과		
학생식당	2과	홈페이지	6과		
학생증	11과	홍천	10과		
학생회관	2과	화	11과		
학원	10과	화나다	11과		
한	1과	화려하다	12과		
한국	1과	화면	4과		
한국대학교	4과	화요일	2과		
한국말	2과	화장실	4과		
한국어	1과	화풀이	11과		
한국어과	5과	확인하다	11과		
한국어교육센터	10과	환불	3과		
한국어능력시험	12과	환영	6과		
한국인	8과	환영하다	6과		
한글	10과	활기차다	9과		
한라산	12과	활동	6과		
한번	4과	회	6과		
한식당	8과	회비	12과		
한식집	4과	회사	2과		
한참	7과	회사원	3과		
한테	6과	회원	6과		
할머니	3과	후	1과		
할아버지	7과	후기	10과		
함께	6과	후의	8과		
항상	4과	후회하다	11과		
해당	5과	휴	6과		
해외여행	9과	휴게소	12과		
행복하다	11과	휴대전화	1과		
행사	6과	휴대폰	10과		
행정실	13과	휴식	12과		
허락	5과	휴일	11과		
허락하다	12과	휴지	3과		
헬스	13과	흑돼지	12과